企業変革の教科書

HBR'S 10 MUST READS ON CHANGE MANAGEMENT

ハーバード・ビジネス・レビュー企業変革論文ベスト10

ハーバード・ビジネス・レビュー編集部＝編
DIAMOND ハーバード・ビジネス・レビュー編集部＝訳

ダイヤモンド社

HBR's 10 MUST READS ON CHANGE MANAGEMENT
by Harvard Business Review

はじめに

企業変革という言葉からは、深刻な課題等を思い浮かべてしまうかもしれませんが、どんなに優れた企業でも、どんなに成果を上げている部署やチームでも、経済環境の変化の激しい時代に、十年一日のごとく同じ方法論や組織体制で仕事を続けるということはありえません。ただし、何かを変えなければならないとはわかっていても、それを全組織で共有することが難しい、あるいは改革に取り組んでいるつもりでも、さまざまなしがらみや要因により、なかなか改善しないということが多いのではないでしょうか。では、どのようなアプローチや方策が有効なのか。本書は、大企業や中規模の組織の変革に成功した事例から、変革を主導するリーダー自身にクローズアップした事例まで、第一線の研究者が書いた論文や第一級の経営者のインタビューをもとにした論考を集めています。

米国の名門経営大学院、ハーバード・ビジネス・スクール（ＨＢＳ）の教育理念に基づいて、１９２２年、マネジメント誌*Harvard Business Review*（ＨＢＲ：ハーバード・ビジネス・レビュー）が創刊されました。同編集部とダイヤモンド社が提携し、日本語版『ＤＩＡＭＯＮＤハーバード・ビジネス・レビュー』（ＤＨＢＲ）を１９７６年に創刊しました。以来、ＤＨＢＲは、「優れたリーダー人材の育成に貢献する」という編集方針の下、学術誌や学会誌のような難解さを排し、「実学」に資する論文を提供しています。ビジネスパーソンがマネジメント思想やスキルを独学したり、管理職研修や企業内大学、さらにビジネススクールで教材としても利用されたりしています。そのＨＢＲ誌の掲載論文から、同編集部が「企業変革について知っておくべき最低限のこと」として厳選した10本の論文を集めたものが、本書です（各論文執筆者の肩書きは基本的に、論文発表時のものです）。

第1章「企業変革の落とし穴」は、リーダーシップ論や企業変革論の第一人者であるＨＢＳのジョン・コッター教授による、このテーマにおける最も基礎的な論文です。規模の大小を問わず、抜本的な変革のために努力してきた１００以上の企業事例をもとに、その実現に欠かせない８つのステップについて解説しています。８つのステップとは、緊急課題であるという認識の社内における徹底、強力な推進チームの結成、ビジョン策定、ビジョンの伝達、社員のビジョン実現に対するサポート、短期的成果を上げるための計画の策定と実行、改善を定着させ、次なる変革をつくり出すこと、新しいアプローチを社内に根付かせることであり、どのステップも一つとして抜かしてはならないと言います。

本書の第2章、第3章、第5章は、企業で変革が進む時、その現場に入り込んで、実際に見て、体験しているかのように感じられる事例紹介の論文といっていいでしょう。

第2章「説得が変革の土壌をつくる」は、ボストンのベス・イスラエル・ディーコネス・メディカルセンター（ＢＩＤＭＣ）の再建計画のケーススタディです。変革がなかなか成功しないのは、誰もが馴染んだ習慣を捨てられないからです。ここに述べられた4つの手順を踏み、変革が受け容れられるようにメンバーを説得し、その素地をつくれば、たとえ「痛みを伴う改革」であっても、成功率は格段に上がるでしょう。「会議が終わった後に話し合いが始まる文化」など、変革を阻害する悪弊の例もいくつか挙げられており、それらも変革のヒントになるでしょう。

第3章「【インタビュー】IBMバリュー：終わりなき変革を求めて」は、2003年に同社CEOに就任し（現在は退任）、大規模な改革を成功させたサミュエル・パルミサーノへのインタビューを中心にした企業事例です。IBMが過去に掲げてきたバリュー、すなわち社員が奉じてきた行動指針、価値観をどのように状況に合うように変えていったか。また、そのためにイントラネット上で3日間にわたり行われ、社員5万人が閲覧したといわれる「バリューズジャム」と呼ばれたディスカッションの様子や、それをもとにした当時の変革の詳細が明かされています。

第5章「ティッピング・ポイント・リーダーシップ」は、名著『ブルー・オーシャン戦略』の著者であるINSEADのチャン・キム教授らによる組織変革論です。ニューヨーク市警察本部（NYPD）の本部長となったウィリアム・ブラットンが、犯罪率の増加、予算の制約、区間内の内輪もめ、警官たちのモチベーションの低下、慢性的な赤字体質など、およそありとあらゆる困難な状況の中で、着任後2年で、ニューヨークを全米で最も安全な街へと変えた、その奇跡とも思える改革の中身が、ドキュメンタリーのように詳細なケーススタディとして書かれています。単なるリーダーの人柄や個性による成功譚で話を終わらせず、組織のピラミッドの中で、影響力のある人をどう使って改革意識を浸透させるか、現場に危機意識を持たせるにはどうすべきか、予算はどのように調達するかなど、手法の問題として扱い、あらゆる職場の問題解決に適用できるよう解説している点も、大いに実践の役に立つでしょう。

一方、第4章、第6章、第7章はリーダーやマネジャーの役割にフォーカスした内容です。第4章「個から始まるしなやかな組織改善」は、組織内における「静かなる改革者」の重要性と彼らの用い方、育て方を解説しています。改革を起こす時、外部から無理やり働きかけても、軋轢が生まれ、うまくいきません。組織の内部から、穏やかに変化を促すように働きかけるというアプローチが有効です。本章では、静かなる改革者が影響力を発揮するための4つの段階を詳しい事例で紹介。敵対する多数派をどのように味方につけるか、毎日午後6時に帰り、かつ、周囲にも迷惑をかけないために、ある社員が取った行動とは何かなど、今日から実践でき、役立つアイデアに満ちています。

第6章「会社を変えたい人のサバイバルガイド」も、変革者たるマネジャーやリーダーに切実に必要な知恵の宝庫です。陣頭に立って変革を進める際には、変革に反対する現状維持派から攻撃されるなどさまざまな困難の矢面に立たされたり、自分自身の焦りや思い込みによる失敗のリスクもあります。こうした事態にどのように対処していくのかという処方箋が語られます。

第7章の「自己変革の心理学」は、聞き慣れない言葉かもしれませんが「裏コミットメント」についての卓越した洞察に基づいた論考です。優秀なはずの部下が、不合理で解せない行動で、成果を出せないでいる時、そこに本人自身も気づいていない、あるいは認めたくない隠れた動機が潜んでいる場合があります。上司はどのようにそれを見抜けばいいのか。また、部下自身、周囲、ビジネスの目標、すべてにとってマイナスに働きがちなその動機を部下にどのように認識してもらい、それに対処し、変わっていってもらうのかが具体的な例に即して解説されており、目からうろこが落ちること必定です。

第8章、第9章、第10章は、変革の手法についての論考です。第8章「変革成功の『暗号』を解く」は過去40年にわたる企業変革の特質の研究から、変革には経済価値に基づいた理論Eと、企業文化や人材開発を中心にした組織能力に基づく理論Oとがあると説きます。どちらも必要なのですが、それぞれに基づいた変革をどのようなバランス、順序で進めるべきかが事例に即して述べられています。

第9章「DICE：変革プロジェクトの管理法」は、ボストン コンサルティング グループによる、225社に対する調査結果をもとにした論文です。変革の足かせとなる時間、人員、財務の3つのハードについて考える際、「期間」「遂行能力の十分性」「意欲」「負荷」という4つの要因を総合的に評価するDICEという手法を使い、その評価に基づいて、数値を算出することで、自社の変革の成否の可能性を測ることができます。その評価を議論の題材とすることで、変革の成功のためには、何を工夫すればよいかが明らかになるはずですし、またその情報をみんなで共有することこそが、全社を改革に巻き込むことにもなりえます。

第10章「プログラム型組織改革の逆説」は、包括的な組織改革のプログラムでは変革は成功しない、現場の各部門の仕事や役割を変えながら、活性化させ、周辺部からボトムアップ式に改革を進めるべきであると説いています。ボトムアップ型改革を効果的に進めるための6つの段階を解説しています。

いずれの論文も、小さなチームから大きな組織まで、あらゆる変革の場面に役立つ、豊富で具体的な事例と考察を含み、今日から実践できるヒントにあふれています。読者の皆様の日頃のコミュニケーションや、折衝や交渉、取り組まれているビジネスのさらなる発展に寄与できるものと自負しています。なお、論文集ですので、掲載順は気にせず、ご関心のあるテーマから読まれることをおすすめします。

DIAMOND ハーバード・ビジネス・レビュー編集部

『企業変革の教科書』

目次

第10章

プログラム型組織改革の逆説――245

マイケル・ビア ハーバード・ビジネス・スクール 教授
ラッセル・A・アイゼンスタット ハーバード・ビジネス・スクール 助教授
バート・スペクター ノースイースタン大学 経営大学院 准教授

第1章

企業変革の落とし穴

ハーバード・ビジネス・スクール 教授
ジョン P. コッター

"Leading Change: Why Transformation Efforts Fail"
Harvard Business Review, March-April 1995.
邦訳「企業変革の落とし穴」
『DIAMONDハーバード・ビジネス・レビュー』2002年10月号

ジョン P. コッター
(John P. Kotter)
ハーバード・ビジネス・スクール松下幸之助寄付講座教授。33歳で同スクール教授となり、リーダーシップ論の研究者ならびにコンサルタントとして、ゼネラル・エレクトリック等の企業内大学でもリーダーシップ教育の教鞭を執ってきた。

100を超える変革事例からの教訓

筆者はここ10年間、より競争力の強い企業に生まれ変わろうとする100以上の企業に注目し続けてきた。大企業（フォード・モーター）もあれば、中小企業（ランドマーク・コミュニケーションズ）もあり、米国企業（ゼネラルモーターズ）もあれば、他国の企業（ブリティッシュ・エアウェイズ）もある。また、倒産寸前の企業（イースタン航空）がある一方、高収益を上げている企業（ブリストル・マイヤーズ・スクイブ）もあった。

変革の呼び名も企業によってまちまちであった。「TQM」（トータル・クオリティ・マネジメント）、「リエンジニアリング」「リストラクチャリング」「組織再編」「組織風土改革」「企業再建」などである。ただし、その基本目標はほとんどにおいて共通している。すなわち「厳しさを増しつつある新しい競争環境に対応するために、ビジネスのやり方を抜本的に改革する」ことにほかならない。

このような企業変革を見事成功させた企業はごくわずかしかない。とはいえ、何の前進もなくまったくの失敗に終わってしまったという企業も少ない。つまり、ほとんどのケースが成功と失敗の間にあるのだが、どれくらいの成功を収めたかと問えば、失敗に近い企業がほとんどである。これらの事例から得られた2つの教訓はまことに興味深い。今後の10年間、競争の激化が予想されるビジネス環境において、多くの企業の参考となろう。

●変革プロセスはいくつかの段階を踏まなければならない（**図表1**「企業変革の8段階」を参照）。そして通常、最後までたどり着くには相当の時間がかかる。とはいえ、途中一部を省略してしまうと、「スピードアップできた」と錯覚するが、けっして満足のいく成果を上げることはできない。

●どの段階であれ、致命的なミスを犯してしまうと、変革運動はその勢いが削がれる。これまでの成果は台無しとなり、決定的なダメージを被りかねない。ビジネス史において企業変革の経験は十分に蓄積されていないためか、非常に有能な人物であっても少なくとも1回は大きなミスを犯す。

第1ステップの落とし穴

「変革は緊急課題である」ことが全社に徹底されない

変革を成功させるには、まず個人、あるいは社内グループが自社の競合状態、市場シェア、技術トレンド、財務状態などを徹底的に検討することから始めなければならない。

たとえば、自社の屋台骨を支える特許が期限切れとなった場合に予想される売上げの落ち込みはどれくらいか、コア事業の最近5年間の利益は減少傾向にないか、あるいは、まだ誰も目をつけていない新市場は存在するのかなどである。

次に、これらの情報、特に直面している危機、潜在的な危機、あるいは、タイムリーで大規模なビジネスチャンスなどについて、広範かつ効果的に社内に浸透させる方法を考える。この最初のステップは必要不可欠である。というのも、変革プログラムを立ち上げるだけでも、多くの社員の積極的な協力を

図表1 | **企業変革の8段階**

1 緊急課題であるという認識の徹底

- 市場分析を実施し、競合状態を把握する。
- 現在の危機的状況、今後表面化しうる問題、大きなチャンスを認識し、議論する。

2 強力な推進チームの結成

- 変革プログラムを率いる力のあるグループを結成する。
- 一つのチームとして活動するように促す。

3 ビジョンの策定

- 変革プログラムの方向性を示すビジョンや戦略を策定する。
- 策定したビジョン実現のための戦略を立てる。

4 ビジョンの伝達

- あらゆる手段を利用し、新しいビジョンや戦略を伝達する。
- 推進チームが手本となり新しい行動様式を伝授する。

5 社員のビジョン実現へのサポート

- 変革に立ちはだかる障害物を排除する。
- ビジョンの根本を揺るがすような制度や組織を変更する。
- リスクを恐れず、伝統に囚われない考え方や行動を奨励する。

6 短期的成果を上げるための計画策定・実行

- 目に見える業績改善計画を策定する。
- 改善を実現する。
- 改善に貢献した社員を表彰し、褒賞を支給する。

7 改善成果の定着とさらなる変革の実現

- 勝ち得た信頼を利用し、ビジョンに沿わない制度、組織、政策を改める。
- ビジョンを実現できる社員を採用し、昇進させ、育成する。
- 新しいプロジェクト、テーマやメンバーにより改革プロセスを再活性化する。

8 新しいアプローチを根付かせる

- 新しい行動様式と企業全体の成功の因果関係を明確にする。
- 新しいリーダーシップの育成と引き継ぎの方法を確立する。

必要とするからである。モチベーションがなければ、協力は生まれてこないし、せっかくの努力も水の泡になってしまう。

第2段階以降のステップと比較すると、第1ステップは案外簡単にできそうに思えるかもしれない。しかし、けっしてそうではない。筆者がこれまで見てきた企業だけでも、この段階でつまずいてしまうケースが過半数を占める。その失敗の原因は何だろう。

従来の幸せな職場環境から社員たちを引きずり出すのは、いかに骨が折れるものか、経営陣が十分に認識していなかったケースもあれば、「変革は喫緊の経営課題である」という認識はすでに社員の間に十分浸透していると高をくくっていたケースもある。あるいは「いい加減、もう準備はいいだろう。さっさと先へ進もう」といった具合に、辛抱に欠ける企業もあった。

こんなケースも多い。経営陣がこのステップのマイナス要素ばかりに目が行ってしまい、尻込みし始めたのである。たとえば、「中高年の社員は受け入れてくれないだろう」「モラールが下がるのではないか」「収拾のつかない事態に陥るかもしれない」「短期的には業績が落ち込む」「株価が下がってしまうかもしれない」「危機をもたらした張本人として自分たちがやり玉に挙げられるに違いない」といった具合なのだ。

経営陣がすくみ上がってしまうのは、たいていの場合、その多くは「マネジャー」であり、「リーダー」と呼べる人材ではないことに起因している。

マネジャーの使命は、リスクを最小化し、既存制度をうまく機能させながら維持することである。一方、変革を推し進めるには、新たな制度をつくり出さなければならず、当然強力なリーダーシップは必須である。真のリーダー人材を社内登用するか、もしくは外部から連れてこない限り、変革の第1段階はうまくいかない。

リーダーシップに長け、大規模な変革の必要性を認識している人物を新しいトップに迎えることができれば、変革プログラムは始動し、しかもうまく立ち上がる場合が多い。したがって、全社改革を成し遂げるにはCEOがカギとなる。また、特定部門を変革するには、その長が要となる。このキーパーソンが、新しいリーダーでもなく、優秀なリーダーでもなく、あるいは過去に変革を成功させた者でもないという場合、第1段階は非常に困難なものとなろう。

第1段階において「業績が悪い」という事実は良し悪しといえる。良い面としては、赤字であれば社員の注意を変革に向けさせやすいという点が挙げられる。ただしその際、選択できる戦略の範囲は狭められる。逆に、業績が好調であれば、変革の必要性を社員に納得させるのに苦労するが、変革に注ぎ込める資金は潤沢である。

変革のキックオフが、好業績の時にせよ、業績不振の時にせよ、成功事例には共通点がある。それは変革推進チームのメンバーたちが、不愉快な事実、すなわち、新たなライバルの登場、利益率の悪化、市場シェアの縮小、売上げの伸び悩み、売上成長率の鈍化など、競争力の低下といったさまざまな業績指標について、いつでも忌憚なく議論できるよう配慮していたということである。

にもかかわらず、悪いニュースを持ってくる人物を目の敵にするというのは人類共通の性癖なのだろうか。経営陣、ことに部門の長が過去に変革を指揮した経験がない場合、歓迎できない情報の伝達は社外の人間に任せていることが多い。ウォールストリートのアナリスト、顧客、あるいはコンサルタントなどは、いずれもこのような役割にはもってこいである。

欧州の某大企業で以前CEOを務めていた人物の言葉を借りれば、とにかく肝心なのは「未開拓の領域に踏み込むよりも、現状を維持することのほうが危険は多い」と認識させることに尽きる。

変革の成功例の一つに、社内グループが危機を意図的に演出していたケースがあった。たとえば、あるCEOは創業以来の大赤字を計画的に計上した。これによって、ウォールストリートに「変革は避けられない」という圧力をかけさせたのである。

また、ある部門長の場合、惨憺たる結果は承知の上で、初の顧客満足度調査を実施し、その結果を公表した。表面的には、このような戦術は危険極まりないものと映るだろう。しかし、安全策を講じたところで依然危機は存在している。危機意識が十分に浸透しなければ、変革の成功は望むべくもなく、企業の将来は長期的にも危険なままである。

では、危機意識がどのくらい浸透していれば十分なのだろうか。筆者の経験では、経営幹部の75％程度が「従来のままビジネスを進めていては絶対にだめである」と本気で考えている必要があるだろう。この数字が75％以下では、変革プロセスの後半において、非常に深刻な問題が起きる可能性が高い。

第2ステップの落とし穴
変革推進チームのリーダーシップが不十分である

大がかりな変革プログラムでも、当初は1人ないし2人の体制でスタートすることが多い。成功例を見ると、その体制は時間が経つにつれて徐々に大規模な変革推進チームへと発展していく。ただし、変革の初期段階で最低限の人数が揃わない場合だと、その後に見るべき進展はない。

トップが積極的にサポートしない限り、大規模な変革は実現しえないとよくいわれるが、ここで筆者が言わんとしているのは、そんな程度の話ではない。変革が成功する時は、会長に社長、あるいは本部長に加え、5人、15人、あるいは、50人の社員が団結し、改革を通じて最高の業績を実現することを誓い合っているものだ。

ところで筆者の経験では、この変革推進チームに執行役員全員が参加していた例を知らない。というのは、少なくとも初めのうちは、彼らの中に変革に賛同しない者が何人かいるからである。ただし、ほとんどの成功例において、その変革推進チームは相当強力なメンバーで構成されており、メンバーの職位、情報量、専門知識、評判や人間関係などは申し分ない。

組織の大小を問わず、変革プログラムが1年目くらいでは、変革推進チームの陣容はせいぜい3～5人足らずである。ただし、第3段階以降で長足の進歩を遂げるには、大企業の場合、20～50人程度に増員されている必要がある。グループの中心人物はだいたいシニアマネジャーであるが、取締役、主要取引先の代表者、または影響力のある労働組合の執行委員まで加わっているケースもある。

変革推進チームには執行役員ではないメンバーもいるため、当然、通常の組織階層や命令系統を超えて活動することになる。ぎこちなく感じるかもしれないが、これが欠かせない。もし既存の組織階層でうまく機能しているならば、そもそも大規模な変革など必要ない。現行システムに問題があるからこそ、組織内の境界線、常識、慣習といったものを無視した活動が要求されているのである。

経営陣が変革の緊急性を十分認識していれば、変革推進チームの結成はたやすい。もちろんそれだけでは不十分である。誰かが音頭を取ってチームメンバーをまとめ、自社の問題点やビジネスチャンスに関する認識を共有させ、必要最低限の信頼関係とコミュニケーションを築き上げなければならない。その際の常套手段は、会社から離れた場所で2~3日、合宿形式のミーティングを開くことである。5~35人までの幹部たちを、数カ月に何度かこのような合宿に参加させている例は数多い。

第2段階で失敗する企業の場合、変化を生み出す難しさをあなどっているため、強力な変革推進チームの重要性を見くびっていることが多い。また、経営陣にチームワークの経験が乏しいため、チームの重要性が軽視されていることもある。あるいは、要となる当該事業部門の長ではなく、人事部や品質管理部、経営企画部などのスタッフ部門の幹部がチームを率いてしまっている場合もある。その人がどれほどの逸材であり、いかに献身的であっても、当該部門からリーダーが出ない限り、グループが十二分の力を発揮することはありえない。

変革推進チームにリーダーシップが欠けていても、当座のところ、変革プログラムは進展を見せるものだ。しかし遅かれ早かれ、変革プログラムに抵抗する機運が高まり、頓挫してしまうことだろう。

第3ステップの落とし穴
ビジョンが見えない

これまで筆者が見てきた変革に成功した企業では、例外なく変革推進チームが、顧客や株主、社員に説明しやすく、かつアピールしやすい未来図を描いていた。

ビジョンとは、5カ年計画のような数字が羅列したものではなく、自社が進むべき方向性を明確に指し示したものである。その草案は、一人の社員が書く場合もあり、少なくとも初めはやや漠然とした内容であるのが普通である。とはいえ、3カ月、5カ月、1年と作業を進めるうちに、変革推進チームによる熟考に熟考を重ねた分析と理想が反映され、素晴らしい出来栄えのものになる。最終的には、そのビジョンを実現する戦略も策定される。

欧州のある中規模企業では、最終的にでき上がったビジョンに提示されたコンセプトのうち、その3分の2が草案に盛り込まれていたものだった。この草案には、まず「国際化」というコンセプトが描かれており、また「特定分野でトップになる」という方向性も含まれていた。しかし「低付加価値事業からは撤退する」という方針については、数カ月にわたって議論を重ねて初めて打ち出されたものだった。そして、それが最終案の中核の一部を成すものとなった。

当意即妙なビジョンに欠けた変革プログラムは、紛らわしく、矛盾するプロジェクトが乱立しがちであり、その結果、誤った方向へ組織を導いたり、やみくもに直進させたりといったはめになりかねない。確固たるビジョンが描かれていないと、経理部のリエンジニアリング・プロジェクトも、人事部の新しい多面評価システムも、工場の品質管理プログラムも、営業部門の組織風土改革プロジェクトも、全社的な結果へと結実しない。

変革の失敗例を見ると、たいてい計画や方針、プログラムといった類が羅列されており、肝心のビジョンが欠けている。ある企業では、厚さ10センチにも及ぶ変革プログラムマニュアルを社員に配付していた。気が遠くなるようなこの分厚い冊子のページをめくると、今後の手順、目標、方法、最終期限などについて事細かく記載してあったが、このプログラムが導く先が何であるかについて、明確かつ説得力あふれる記述はいっさい見当たらなかった。

当然のことながら、筆者が話を聞いた社員のほとんどが戸惑い、もしくは冷ややかな目で静観していた。この大仰なマニュアルは、彼らを結束させることも、変革を成し遂げようというやる気を引き出すこともなかった。それどころか、まったく逆の効果をもたらしてしまったのである。

また、経営陣がどの方向に進むべきか感覚的にわかっていても、それが錯綜していたり、あまりに曖昧だったりする場合もある。筆者が見てきた限り、そのようなケースでもさしたる成功は望めなかった。

先日、ある中堅企業の役員に「あなたはどのようなビジョンを持っているのか」と尋ねたところ、要領を得ない講義を30分も拝聴することになった。そこには、たしかに立派なビジョンの基本要素がないわけではなかったが、奥深く埋もれてしまっていた。

一つの目安を示したい。5分以内でビジョンを他の人に説明できない、あるいは相手から理解と関心を示す反応が得られないのであれば、変革プロセスの第3段階を完了したとはいえない。

第4ステップの落とし穴

社内コミュニケーションが絶対的に不足している

社内コミュニケーションの落とし穴については、次の3パターンがよく散見される。どれもありふれたものばかりである。

❶変革推進チームが優れた変革ビジョンを作成したものの、たった一度説明会を開いただけ、あるいはたった一通の文書を配布しただけで、その内容を社員に伝え終えたとしてしまう。年間の社内コミュニケーション量から見れば、ほんの0・0001％だけしか時間を費やしていない。にもかかわらず、新しい方針を理解している社員がほとんどいないことを知って、変革推進チームは愕然としてしまう。

❷トップがそれ相応の時間を割いて社員に説明したつもりだったが、ほとんどが理解できていない。この場合も、ビジョンの説明に年間の社内コミュニケーション量のせいぜい0・0005％しか費やしていないのだから、当然と言えば当然である。

❸社内報や説明会といった形でも、①や②以上の努力を傾けているが、有力役員の何人かが新しいビジョンと正反対の態度を取り続けている。その結果、社員たちの気持ちは次第に冷め始め、伝えられた内容にも疑心暗鬼が強まっていく。

何百、何千という人々が――多くの場合、短期的な犠牲を払ってでも――すすんで協力してくれない限り、変革は不可能である。仮に社員が現状に満足していなくとも、変革は成功すると確信できない限り、みずから犠牲を払おうとはしない。信頼に足る十分なコミュニケーションなくして、彼らの心や関心を集めることなどけっしてできない。

短期的な犠牲の中身が「人員削減」となると、第4段階は困難を極めることだろう。リストラがビジョンに含まれている場合、ビジョンへの理解や支持を得るのは難しい。それゆえ、ビジョンを実現させるには、新たな成長の可能性を示唆すると同時に、解雇される社員全員にしかるべき待遇を確約することを謳うべきである。

コミュニケーション力に長けた執行役員の場合、日常業務のあらゆる面でビジョンに関するメッセージを巧みに織り込む。

たとえば、業務上の問題に関する解決策が定例会議に諮られた際などは、全社のビジネスシステムに適合するのか否かについて話す。また通常の人事考課の場面でも、その社員の行動がビジョンに貢献するのか、逆に不適当なのかについて説明する。ある部門の四半期の業績を検討する際も、ただ数字を追うだけでなく、その部門のマネジャーたちがいかに変革に貢献しているかに触れる。さらに、社内説明会などの質疑応答の場にでも、変革の目標に関連付けながら、社員からの質問に答える。

成功した変革運動を見てみると、ビジョンを広く知らしめるため、執行役員はありとあらゆるコミュニケーション手段を活用していた。たとえば、退屈で誰も読まなかった社内報をビジョンに関する記事だらけにしてリニューアルする。あるいは、形式的で時間ばかりかかっていた役員会議を、変革について意見を交わす議論の場へ改める。従来の管理者研修を思い切って廃止し、その代わりに業務上の課題や新しいビジョンを主眼にした研修に変更する。

この場合における基本原則は至ってシンプルである。つまり、思い付く限りのコミュニケーション手段を利用すること、それもさして重要視されていなかった情報メディアを活性化させることである。

さらに重要なことは、大規模な変革を成功させた企業の場合、執行役員たちが「歩く広告塔」となっていたことである。彼らは新しい企業文化のシンボルになろうと意識的に努めていた。これは生やさしいことではない。

60歳になる一人の工場長について考えてみよう。それまでの40年間、顧客のことなど脳裏をかすめた経験など微塵もないのに、突然「顧客重視で行動せよ」と求めても土台無理な話である。しかし、そのような人が変わる様を筆者はこの目で見た。それも劇的な変わり方であった。

この場合、事態が切迫していたことが好都合となった。加えて、彼も変革推進チームの一員であり、またビジョン作成チームの一員であったことも幸いした。望ましい行動が何であるのか、あらゆるコミュニケーション手段を用いて伝えられたこともプラスに作用した。同僚や部下からのフィードバックのおかげで、みずからの行動がビジョンにふさわしくない場合などは、そのことに気づくこともできた。コミュニケーションは言葉と行動の両方が必要であり、特に行動は最も説得力あふれる手段となる。要するに、自分の言葉とは裏腹な行動を取る経営幹部こそ、変革を潰してしまう元凶なのである。

第5ステップの落とし穴

ビジョンの障害を放置してしまう

変革プログラムが成功に向かいつつある場合、段階が進むにつれて社員たちを巻き込み始める。社員たちはプログラムに勇気付けられ、みずから新しいアイデアを思い付いたり、リーダーシップを発揮したりするようになる。このような行動は、ビジョンが指し示す方針から大きく外れてさえいなければ問題はない。それに、大勢の人が参加すればするほど成果は大きくなる。

変革推進チームが新たな方針を効果的に伝えられれば、ある程度は社員たちに新しい行動を起こさせることが可能である。しかし、コミュニケーションだけで事足りるわけではない。イノベーションを現実化させるには、障害を取り除くことも不可欠なのだ。

これはよくあることだが、ある社員が新しいビジョンを理解し、その実現に協力しようと思い立ったとしよう。しかし、その行く手には巨象が立ちはだかる。その象は、その当人の頭の中にしか存在しないこともあり、この場合、障害と思えるものが実は幻であることを当人に納得させることが課題となる。最も多いのは、障害物は実際に存在しているケースである。たとえば、組織構造が障害となる場合もある。職務規定が細分化されているため、生産性を向上させようという意欲が湧かなかったり、顧客について考えることすら難しかったりする時がある。また、成功報酬制や勤務査定制度があるために、新しいビジョンよりも、個人の利益を優先してしまうケースもある。

ただし最もやっかいなのは、変革を拒み、全社の動きとはそぐわない要求を突き付けてくる管理職である。ある企業では、社内広報を十分に展開したうえで変革プロセスを開始し、第4段階までは順調に進めてきた。ところが、同社最大の事業部を統括する執行役員がすべてを振り出しに戻すような行動を取ったために、変革は見事に覆されてしまった。彼は口では変革に賛成していたが、みずからの行動を改めたり、部下の意識を変えようとしたりはしなかった。また、ビジョンが求めるような斬新なアイデアが提示されても、その発案者に報いることもなかった。明らかに人事制度が新ビジョンと齟齬を来しているにもかかわらず、改定することはなかった。

彼の心境は複雑なものだったことは想像に難くない。自社がこれほどまで大規模な変革を必要としているとは思っていなかったばかりか、変革一つひとつがみずからを脅かしていると感じていたことだろう。また、変革を推し進める一方、予算上の営業利益を達成するなど土台無理な話だとも思っていたはずである。

他の執行役員たちは改革推進派であったにもかかわらず、彼がボトルネックとなっていることに、何ら手立てを講じようとはしなかった。この原因もやはり複雑だった。この企業は過去このような難題に直面したことがなかったばかりか、なかには当の執行役員を恐れている者もいた。CEO自身も優秀な役員を失うことになるのではないかと危惧していた。

結末は悲惨であった。現場のマネジャーたちは、経営陣たちの意気込みは偽物だったと結論付け、冷ややかな見方が社内に蔓延し、変革プログラムのすべては崩壊してしまった。

どんな組織でも、変革プロセスの前半では、すべての障害を排除するだけの勢いもエネルギーも、そして時間すら持ち合わせていない。それでも、重大な障害と対峙し、これを取り除かなければならない。それが人間の場合でも、泣いて馬謖《ばしょく》を切らなければならないこともある。

ただし、その処分についても新しいビジョンに沿って公明正大に実施することが肝要である。しかし、処分という行動をためらってはいけない。社員のやる気を引き起こし、変革プログラムへの信頼を維持するためには是が非でも必要だからである。

第6ステップの落とし穴

計画的な短期的成果の欠如

変革が本物になるには時間がかかる。したがって、達成可能な短期目標を設定しておかないと、変革の勢いを失速させかねない。このまま行けば期待通りの成果が得られると確信できる証拠を、1〜2年の間に確認できなければ、ほとんどの人が遠い道程を歩き続けようとはしない。短期間で何らかの成果を上げられない場合、多くの人は投げ出したり、抵抗勢力についてしまったりする。

変革が順調に進んでいる場合、1年もしくは2年で品質に関する指標が向上し始め、最終利益の減少にも歯止めがかかる。新製品が成功することもあれば、市場シェアが拡大することもある。あるいは、生産性が格段に向上したり、顧客満足度が上昇したりするかもしれない。どのようなケースであれ、成果は目に見えて明らかなものであり、変革の反対派にあざけられるような主観的なものでもない。

短期的に成果を上げることと、短期間で成果を上げたいと願うことは別物である。後者は受動的であり、前者は能動的である。順調に進んだ変革を見ると、経営陣は業績が明らかに改善しうる手段を積極的に模索し、年度計画に目標を設定し、その目標の達成に貢献した社員を表彰したり、昇格させたり、また褒賞を与えたりする。

一例を紹介しよう。米国の某メーカーでは、変革プログラムを開始した20カ月ほどで、変革推進チームの発表した新製品が大成功を収めた。この新製品は、プログラムのスタートから6カ月経った時点で、複数の基準をクリアしていたため発売が決まったのである。その基準とは、比較的短期間に設計可能であり、市場に投入できること、新しいビジョンの信奉者である少数の面々で担当できること、売上げの伸びが期待できること、製品開発チームが組織を超えて作業しても実務上の問題を生じないことなどであった。つまり、これは計算ずくの計画だったのである。そしてこの成果によって変革プログラムの信頼性はいっきに高まった。

短期的な成果を求められ、不平を漏らすマネジャーも多い。とはいえ、変革を推進するうえでは、このようなプレッシャーがプラスに働くことがある。というのも、「大規模な変革は時間がかかる」ことが社員の間に広がると、変革が喫緊の課題であるという事実がなおざりにされやすい。そこで、短期的な成果を出すという責務を課すことで、緊急性を常に意識しつつも、ビジョンに磨きをかける努力が後押しされるのである。

第7ステップの落とし穴
早すぎる勝利宣言

経営者とすれば、数年にわたって懸命に努力した末、業績が改善したと誰もが認める段階が訪れれば、勝利宣言を発したいという衝動に駆られるのも無理からぬことである。

個々の成果を祝うのは結構だが、この段階で勝利を宣言してしまうと、いままでの努力が台無しになりかねない。さまざまな変化が企業文化に定着するには、少なくとも5～10年は必要であり、そこに至るまでは新しいアプローチというものはもろく、後退の可能性をはらんでいる。

つい最近、筆者は「リエンジニアリング」というテーマの下に実行された12社の変革プロセスについて観察してみた。このうち実に10社で、開始して2〜3年後、最初の大プロジェクトが完了した時点で勝利宣言が出されていた。コンサルタントたちには、ねぎらいの言葉とともに高額な報酬が支払われた。しかし、変革プロジェクトの効果は、その後2年足らずで次第に影が薄くなっていった。10社のうちの2社に至っては、現在リエンジニアリングの痕跡すら見当たらないという有り様であった。

この20年間、大きなTQMプロジェクトや組織再編などでも同様のことが繰り返されてきた。まず、変革の初期段階から何らかの問題をはらんでいるというのが典型である。つまり、緊急性への認識不足、変革推進チームの力量不足、ぼやけたビジョンなどである。そして、せっかくの変革の勢いに水を差すのが、先走った勝利宣言である。その結果、保守勢力が主導権を奪い返してしまうのである。

皮肉なことに、変革推進派と反対派が時期尚早の勝利を一緒に祝う場面も珍しくない。推進派は進歩の兆しが目に見えたことにすっかり舞い上がってしまう。一方の反対派は変革を阻止するチャンスと見抜き、喜ぶ。

祝勝会が終わると、反対者は「戦いは勝利のうちに終わったのだから、戦士諸君は自分の家に帰りなさい」と声をかける。すると、疲れ切った彼らは「自分たちは勝ったのだ」と思い込んでしまう。一度自分の家へ戻ってしまうと、彼らは再び戦艦へ乗り込もうとはなかなか思わない。ほどなく変革は座礁し、過去が再び忍び寄ってくるのである。

優れたチェンジリーダーは、勝利宣言の代わりに、短期間で結果を出したことによる信頼感を追い風に、より大きな問題へと立ち向かっていく。具体的には、ビジョンから逸脱しており、これまで放置されていた制度や組織に次の狙いを定める。誰が昇進し、どんな人材が登用され、社員がどのような教育を受けているかにも着目する。また、当初のプログラムよりも範囲を広げたプロジェクトにも取り組む。彼らは、変革プロジェクトに年単位の時間が必要であることを承知しているのである。

ここで、7年間にわたったある変革の成功例について触れてみたい。変化の度合いを年度ごとに点数化し、最低は1、最高は10とした。初年度は2、2年目は4、3年目は3、4年目は7、5年目は8、6年目は4、7年目は2という結果となった。ピークは5年目で、それは成果が目に見える形で表れてから3年が経過した時点でもあった。

第8ステップの落とし穴
変革の成果が浸透不足である

会社を人間の体に例えるならば、変革という血液が体の隅々まで行き渡るようになって、初めて変革の成果が「我々の生き様」として定着したといえる。新しい行動様式が社内の規範や価値観として根を下ろさない限り、変革の圧力が弱まるや否や、廃れてしまう。

変革を企業風土として制度的に根付かせるには、次の2つの要素が特に重要である。

1つ目は、新しいアプローチや行動様式、考え方などが業績改善にどれくらい貢献しえたのか、社員に意図的にアピールしていくことである。業績改善との関連性の是非を社員任せにしてしまうと、とんでもない勘違いが起こってくることがある。
たとえば、ハリーというカリスマ的な上司の下で業績が改善した例では、社員はハリー流のやり方が功を奏したと考え、自分たちの顧客サービスの質や生産性が向上したことが成功要因だとは考えない。

変革の因果関係を正しく理解させるには、やはり社内コミュニケーションが不可欠である。この点において、ある企業は驚くほど徹底していた。実際、その成果はてき面であった。同社では、経営会議で毎回時間を割いて、なぜ業績が向上したのかを話し合った。そして社内報で、変革によってどのように売上げが向上したのか、何度も何度も報じたのである。

第2の要素は、次世代の経営陣に新しい考え方がしっかり身につくよう、十分な時間をかけることである。また、昇格の基準が変わらないままでは、変革の効力は長続きしない。実際、トップの交代人事で、誤った後継者を選んだがために、10年にわたる変革の努力が水の泡になってしまうことは珍しくない。

取締役会が変革プロセスに参画していない場合、誤った選択に向かってしまう可能性は大きくなる。筆者が見た中では、少なくとも3つの企業でそのような事態が起こった。

変革の立役者が退任するに当たって、その後任として選ばれた人物は変革の反対者ではなかったが、変革の貢献者と呼べるほどでもなかった。取締役会は変革プロセスの細部まで理解していなかったため、自分たちの選択が正しくなかったことに気づかなかったのである。

また、退職する執行役員が変革を熟知している人物を後継者に推したという例もあれば、経験が浅いという理由で他の役員を説得し切れなかったという例もあった。

さらに別の2社では、よもや変革を中止するとは思わずに、取締役会が推す人物を後継者として考えもなく受け入れたCEOもいた。しかし、彼らの判断は間違っていた。2年も経たないうちに、どちらの企業でも変革の兆候は消え始めていた。

失敗を最小化することが成功のカギ

変革における落とし穴は、これら以外にもたくさんあるが、ここで挙げた8つはとりわけ無視できないものである。このような限られた紙幅では、すべて単純すぎる印象が残るかもしれない。事実、成功例にしてもその変革プロセスとは混乱極まる、驚きの連続である。

しかし、変革を成功させるべく人々を駆り立てるには単純明快なビジョンが必要であり、そのようなビジョンを掲げることができれば、その過程でミスを犯す確率を減らせるはずだ。どれだけミスを減らすことができるか、これが変革の成否を分けるカギにほかならない。

第2章

説得が変革の土壌をつくる

ハーバード・ビジネス・スクール 教授
デイビッド A. ガービン
ハーバード・ビジネス・スクール 助教授
マイケル A. ロベルト

"Change Through Persuasion"
Harvard Business Review, February 2005.
邦訳「説得が変革の土壌をつくる」
『DIAMONDハーバード・ビジネス・レビュー』2005年9月号

デイビッド A. ガービン
(David A. Garvin)
ハーバード・ビジネス・スクールのC.ローランド・クリステンセン記念講座教授。学習する組織に関する研究の第一人者である。著書に*Learning in Action*, Harvard Business School Press, 2001.(邦訳『アクション・ラーニング』ダイヤモンド社、2002年)。

マイケル A. ロベルト
(Michael A. Roberto)
ハーバード・ビジネス・スクール助教授。

変革を始める前に「説得作戦」を展開せよ

変革の必要性に迫られると、経営陣はたいてい決まり切った対応をする。まず戦略を一新する。次に、容疑者の一斉検挙と言わんばかりに、3P、すなわち「人材」(people)、「報酬」(pay)、「業務プロセス」(process) に手をつけ、スタッフを入れ替え、インセンティブを調整し、非効率を排除する。こうして業績が上向くのをじっと待つわけだが、どういうわけか、結果ははかばかしくなく、失望を味わわされる。

変革を成功させるのがこれほど難しいのはなぜか。そもそも、ほとんどの人は自分の習慣を変えたがらない。「以前うまくいっていたのであれば、いまもそれでよいではないか」というわけだ。切迫した危機感がなければ、社員たちは何も変えようとしない。

また、トップが頻繁に交替すると、変革への抵抗感はいっそう強まる。失望と不信が長引くと後遺症が出る。再建を任された次期トップを前のトップと大差ないと思い込み、徒花に終わる運命だと頭から決め付ける。犠牲や自制を求めても、返ってくるのは冷笑と懐疑、条件反射的な抵抗である。

筆者らが実施した企業変革に関する調査では、多国籍企業や官公庁、非営利団体、見事な活躍を見せた遠征登山隊や消防士のチームなど、対象は多岐にわたっている。この調査結果から変革を成功させるには、経営陣は有効な「説得作戦」を立てたうえで、これを実践しなければならないことがわかった。

この作戦は、再建計画が最終決定される数週間前、いや数カ月前に始めるべきである。経営陣にすれば、最初から大仕事となる。社員たちが手厳しいメッセージに耳を傾け、思い込みを疑い、新たな行動を検討するよう仕向けなければならないのだから。

これは、微妙なステップを慎重に踏んで、社員たちに染み付いている旧弊を改め、新たな行動を起こすための環境づくりを意味する。この環境づくりは、再建計画に着手した最初の数カ月の間に積極的に管理する必要がある。この時期は不確定要素が多く、一時的な後退が避けられないからだ。それができなければ、継続的な変革の見通しは暗い。

大まかに言うと、説得作戦は政治家の演説と同じように、従来との違いを訴えるものである。変化を忌み嫌う社員の目には、再建計画はどれも同じに映っている。再建を担った経営陣は、今回の計画は前任者たちのそれとどこが異なるのかを正しく伝え示すのがコツである。

組織が瀕死の状態にある、あるいは、何とか持ちこたえようとしているならば、少なくとも抜本的な変革は避けられないことを納得させなければならない。とはいえ、問題が何年もなおざりにされており、ほとんど状況が変わっていない場合であるとすると、相当やっかいである。

再建のリーダーは、自分がこの大仕事の最適任者であることを言動で示すことによって、社内の信頼を勝ち取らなければならない。同時に、会社を前進させるには、自分の計画が一番であることを納得させる必要がある。そのために、再建のリーダーは以下の4つから成るコミュニケーション戦略をつくる必要がある（**図表2**「説得作戦の4段階」を参照）。

図表2｜**説得作戦の4段階**

一般的なターンアラウンドのプロセスは2段階に分かれる。言うまでもなく「計画立案」と「実行」である。ただし、そもそもの計画が組織に歓迎されるかどうかは五分五分である。しかし、再建計画が広く受け入れられ、導入されるために、CEOは別途「説得作戦」を立案しなければならない。その最終目標は、継続的に変革を受け入れる環境を整えることにほかならない。

この環境整備作業は、新任CEOの場合ならば、就任するはるか以前から、また現CEOが引き続き再建を担う場合ならば、再建計画の立案作業が始まるはるか以前から始め、最終計画が発表された後も続けられる。

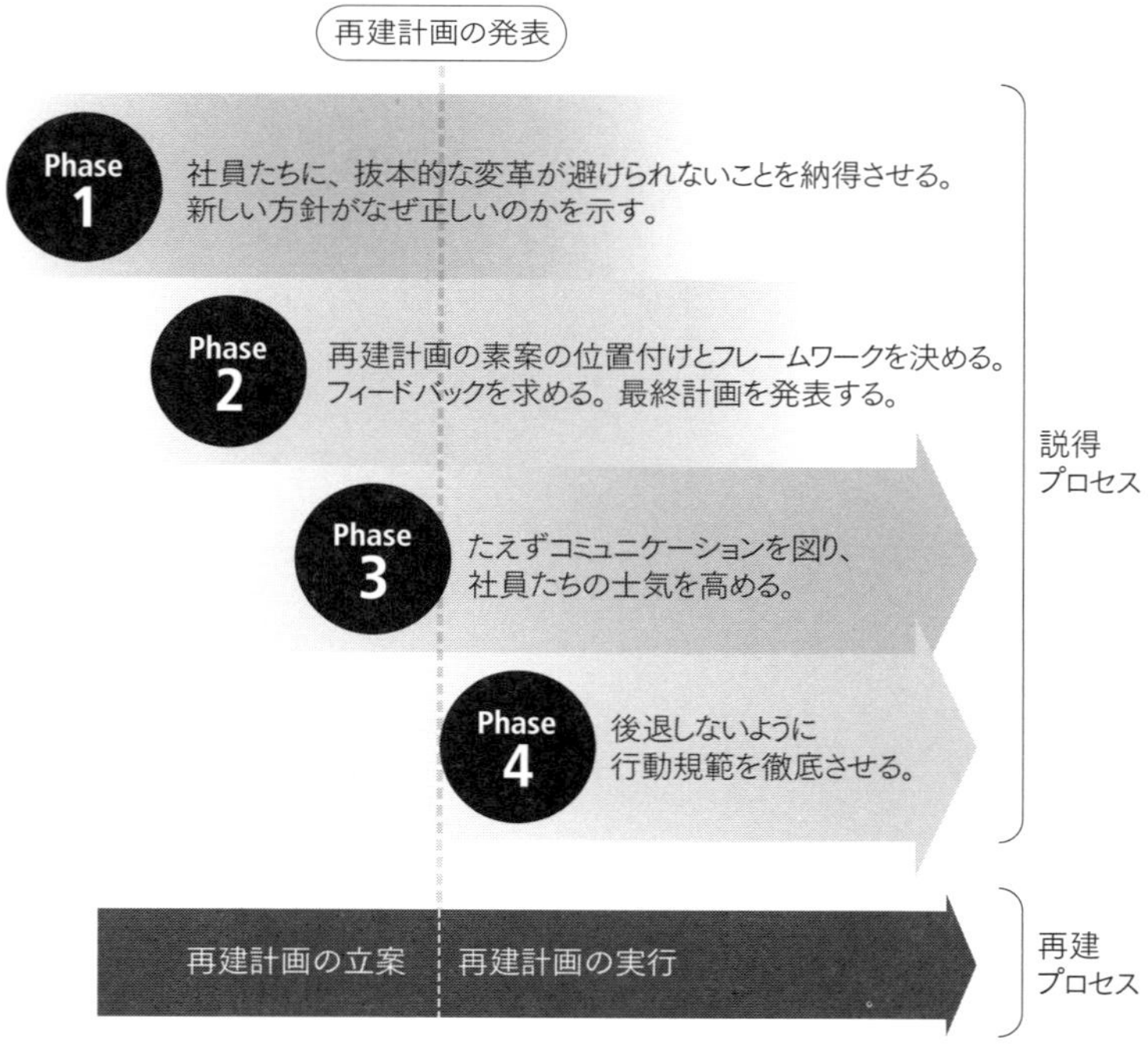

❶方針を発表したり、一連の指示を出したりする前に、変革が受け入れられる下地を整える。
❷発表時には、情報やメッセージを解釈するためのフレームワークを提示する。
❸時間の経過に応じて、社員たちがアクションプランを達成できるように社内の雰囲気を盛り上げる。
❹中間プロセスの要所要所で、変革が後退することなく、しっかりと根付くよう徹底させる。

以下に、ボストンにあるベス・イスラエル・ディーコネス・メディカル・センター（ＢＩＤＭＣ）の再建を例に挙げ、説得プロセスについて詳しく説明しよう。

２００２年の初め、ポール・Ｆ・レビーはＢＩＤＭＣのＣＥＯに就任し、この病院を経営難という窮地から救い出した。

再建計画がスタートした最初の半年間、筆者らはその様子を間近で観察した。レビーの努力を説明するケーススタディをまとめるために、２～４週間ごとにインタビューし、それをビデオに収録する了解を得た。また、日々のスケジュールやメールでのやり取り、社内メモ、報告書の閲覧も許可された。

そのため、終わった後で振り返って検討した時にありがちな偏見や予断に惑わされることなく、これら豊富な情報から、ＢＩＤＭＣの変革物語を同時進行で追跡できた。

レビーがどのように変革の基礎を整えていったのか、これに関する記録は、再建の任を担うリーダーたちにも貴重な教訓となろう。

BIDMC：病院経営の素人によるターンアラウンド

レビーはBIDMCのCEO候補としては予想外の人選だった。彼は医師ではなく、以前ハーバード・メディカル・スクールの副学長を務めていたが、むろん病院を経営した経験はなかった。

彼の自慢は、数年前に率いた数十億ドル規模の水質汚濁防止プロジェクト、「ボストンハーバー・クリーンアップ」を指導する役割を果たしたことだった。レビーはこの経験に基づき、献身的なチームが非生産的になる問題に共通する原因として、気づかないうちに破滅的な影響を及ぼす組織力学を特定し、その論文を著した。(注)

ボストンハーバー・クリーンアップ・プロジェクトが完了してから6年が経った頃、レビーはBIDMCの理事会と接触し、苦境に立たされた病院の再建計画に手を挙げた。病院経営についてはまったくの素人であったにもかかわらず、理事会にとって彼は魅力的な人物だった。

この変革プロジェクトは秀逸な政治力と経営手腕が欠かせない大仕事であり、それゆえ世間の耳目を集めた。骨の折れる交渉や加熱気味の住民からの抵抗に遭っても、レビーは断固たる姿勢を崩さなかった。また、市役所や州政府の役人にアカウンタビリティ（結果責任）の意識を植え付けた。

ただし、彼は2001年に設置されたBIDMCの運営委員会の一員でもあったため、まったくの異邦人というわけではなかった。かたやレビー自身は、この仕事は一種の公共奉仕であると考えていた。

説得作戦1　変革を受け入れる下地を整える

1996年、ベス・イスラエルとディーコネスという2つの病院が合併してBIDMCが誕生した。両方の病院とも評判はすこぶる高く、世界でもトップクラスの医療部門と専門分野を誇り、スタッフのロイヤルティも高かった。

問題は合併後に表れた。統合の焦点が事務管理部門ではなく、誤って臨床業務に置かれてしまったことだけでなく、コスト削減でのミス、お粗末な計画の進め方、たび重なるヘルスケア市場への適応の失敗などが、悲惨な業績の原因だった。

理事会がレビーの起用を決定するまでに、BIDMCの経営状態はどん底まで落ち込み、赤字額は年5000万ドルに達していた。管理スタッフと医療スタッフはにらみ合い、経営陣と理事会も同じだった。スタッフたちは、かつては伝説的とまでいわれた輝かしい地位があっという間に失墜していく状況を目の当たりにし、過去の経営陣の失敗に失望した結果、すっかりやる気を失っていた。

ヘルスケアを専門とするコンサルティング会社、ハンターグループが、BIDMCの調査分析を担当した。深刻な経営難から抜け出し、再建策についてもれなくまとめた「ハンターリポート」という報告書が作成されていたが、未公表のままだった。その一方、慈善基金を監督するマサチューセッツ州司法長官は、経営難に陥ったBIDMCを営利団体に売却するよう、理事会に圧力をかけていた。

変革の権限を握る

難局を乗り切るために登用されたCEOと同じく、レビーの第一関門は変革を遂行するための権限を獲得することだった。

そのための交渉は、実際に手綱を握ってからではなく、招聘を承諾するかどうかを決断する前に行ったほうが有利に進められることを、レビーは承知していた。特に、それが承諾の条件であると突き付けたことで、理事会の協力を取り付けるうえで有利に働いた。たとえば、彼は理事たちに「私がCEOに就任した暁には、日々の経営判断にはいっさい口を挟まないでください」と告げた。

指名委員会との面接は3回あったが、レビーはみずから作成した再建計画のスケジュールを提示し、その意図を説明した。また彼は、ハンターリポートが公表される前に、指名委員会は自分の就任を至急決定する旨を強調すると同時に、有能な人材で構成された小さなマネジメントチームを新たに組成するつもりであると告げた。

これらの条件は異例なものだが、レビーは再建に成功した経験の持ち主であることを、理事会は納得していた。彼らはレビーが提示した条件をすべて飲んだ。そして2002年1月7日、彼はCEOに就任した。

価値観を重視する

次の課題は、スタッフと協働するための下地づくりだった。スタッフたちは是が非でも再建させたいと願っていた。そこでレビーは、彼自身の個人的な価値観を押し付けるのではなく、BIDMCの価値観に従い、それを正しく実践すれば、最善を尽くして協力してくれるだろうと確信していた。

経営者である彼は、優秀な医師のように行動した。つまり、重病患者に接するかのように、悪い知らせと成功の確率を正直に告げた。オブラートにくるむことなく、期待できることを現実的に認識するように誘導したのだ。

他のリーダー同様、レビーもまた、スタッフたちを従来とは異なる方法で仕事に取り組ませるには、大胆不敵なメッセージを目立つように掲げ、新たな指令が発せられたことを知らしめるべく、そのメッセージを発信し続ける必要性を理解していた。

メッセージの威力を高めるために、それとなく危機感を抱かせるようにした。実を言うと、レビーは当面病院を継続させることについて、州司法長官の了承を取り付けていた。そこで彼はこのことを伏せたまま、州司法長官がかねてから売却を打診していたことだけを公表した。もちろん、この悪い知らせによって、スタッフや患者の間に不安が広がるおそれもあった。しかし、スタッフたちをこの惨憺たる現状と対峙させるには、大音量の警鐘を鳴らして目を覚まさせる必要があった。

就任初日の朝、レビーはスタッフ全員に宛ててメールを送った。それには大きく分けて4つのメッセージが書かれていた。

1つ目は、「この病院は、最良の医療研究と模範的な治療や看護、並外れて優れた調査、立派な教育指導を代表する素晴らしい医療機関です」。BIDMCには誇るべきものがたくさんあることを指摘して、よい情報を伝えたのである。

2つ目は、「今回が我々に与えられた最後のチャンスです」と、売却の可能性を匂わせた。

3つ目は、「レイオフもありえます」。レビーが今後実行する予定の行動について明らかにすることで、スタッフに心構えの必要性を説いた。

そして4つ目は、自分のマネジメントスタイルについて説明した。院内を歩き回る、すなわち、食堂でスタッフと一緒に昼食を取る、廊下でさりげなく会話を交わす、スタッフの懸念を取り除くためにあらゆる機会を見つけて話しかけることが、自分の流儀であることを明かした。要するに、第三者を通してではなく、直接スタッフとコミュニケーションを図るというメッセージである。

また、ハンターリポートをイントラネットに掲載し、全スタッフがその報告書を読んで、最終的な再建計画への意見や反論を提出できることも合わせて伝えた。メールの率直でオープンな調子から、レビーのマネジメントスタイルが前任者とは異なるものであることが正確に伝わった。

その日の午後、レビーはボストンの2大新聞である『ボストン・グローブ』紙と『ボストン・ヘラルド』紙の取材を受け、ＢＩＤＭＣの現状を明らかにした。スタッフに告げたことと同じ内容を記者に語った。「今回の再建に失敗すれば、この病院は営利目的の病院チェーンに売却され、したがって、ハーバード大学の付属病院としての地位を失うことになります」

売却を回避するには、５００～７００人規模のレイオフを含め、厳しい再建計画を打ち出さなければならない。しかしレビーは、病院の価値観である看護の質の高さを維持するために、看護スタッフのレイオフは実施しないと断言した。

この新聞記事は、その朝発信されたレビーのメールと合わせて、スタッフたちの思い込みを正す役割を果たした。同時に、協力の姿勢がにわかに醸成され、病院の存続に本当に必要ならば、どんな施策にもついていこうという機運が高まっていった。

2日後、先のハンターリポートがついに提出され、イントラネットに掲示された。この報告書は病院の惨状についての歯に衣着せぬ中身だったが、客観的な第三者によって作成されたものだけに、スタッフたちは素直に受け入れた。

これで、厳しい現実を知らされたスタッフたちは「何も知りませんでした」と逃げるわけにはいかなくなった。レビーは、この報告書に反応して、自分なりの改良点を提案したメールを300通余り受け取り、返事を書いた。のちに彼は、これらの提案の多くを再建計画に盛り込んだ。

説得作戦2　情報やメッセージを解釈するフレームワークを提供する

変革を受け入れる態勢が整ったなら、リーダーは変革への理解を高める必要がある。複雑な計画はいかようにも解釈されるおそれがある。実際、すべてが受け入れられ、望ましい結果を約束しているわけではない。

そこで、凄腕の変革リーダーは、新しい提案や計画の背景を説明し、変革後の姿を想像するためのフレームワークを用意する。現状における問題や課題をこの中で語ることで、そのための解決策やアイデアを社員たちに伝えることができる。

フレームワークの形式はさまざまである。たとえば、予期せぬ変革に対応できるように心の準備をさせる目的で、全社員に向けた説明会を開催することもあるだろう。あるいは、社内を動揺させたレイオフの後で、トップがメディアのインタビューに答えて、その背景を説明するという形式も考えられる。レビーは、スタッフたちが再建計画の趣旨を理解するために、ある手段を用いた。それは、数百ページに及ぶ緻密な計画書と、メールによる詳細なメモである。メモには、細部にわたる再建計画の目的と予想される影響が記されていた。

メモの第1節は、批判勢力をなだめすかし、医師や看護師たちの心配を軽減することを狙ったものであり、文章の調子はたえず前向きで、気分を明るくさせるものだった。ミッションや戦略、妥協の余地のない価値観を説明し、「温かく、思いやりのある環境」を強調した。また、ハーバード大学の付属病院であり続けることの重要性を再確認し、スタッフに共通のミッションと理想を思い起こさせた。

メモの第2節では、再建計画をより詳細に説明し、スタッフの心構えについて記した。そこには、厳しい計画と高い目標の必要性が強調されていた。ただし、具体的な提案については、そのほとんどがハンターリポートの提言に基づいていると書き添えられていた。つまり、スタッフに伝えたいのは、「皆さんはすでにハンターリポートを読み、それを支持したのです。これから先、予想外の問題などというものは出てきたりしません」という点だった。

メモの第3節には、今後頭をもたげてくる懸念について想定し、これらへの対応について記されていた。これには抵抗を未然に防ぐ効果があった。

ここでは過去の再建計画を詳細に分析し、その弱点を指摘した。その弱点の大半は、ほとんどの計画がトップダウンで進められ、スタッフたちの自覚や賛同、議論が皆無だったことが原因であると記した。

そして、何が間違っていたのかについて、レビー自身の解釈が続いた。それによれば、過去の再建計画は財務問題の深刻さを甘く見た結果、将来の収入増に非現実的な期待を抱いてしまったこと、また計画の中で提案された施策の実行性をテストすることを怠ったことにあった。

この第3節は、スタッフたちが過去に見聞きしたメッセージよりも重く、胸に迫るくらいに変革の必要性を訴えていた。多くのスタッフからの指摘が盛り込まれているため、この再建計画は過去のそれとは異なり、全員の力を総合している点も強調されていた。

こうして再建計画にフレームワークを与えることで、レビーは次の2点を成し遂げた。第1に、スタッフたちに再建計画が自分たちのものであることを納得させた。第2に、このメモはコミュニケーションを継続させる基本ツールとなった。レビーはスタッフのみならず、第三者との会議やマスコミと接触するたびに、これら2点について繰り返し説明した。

説得作戦3　社内の雰囲気を盛り上げる

再建において、とりわけリストラやダウンサイジングを伴う場合、何とも気が滅入るものだ。人間関係は混乱し、転職する人もいれば、再就職できない人も出てくる。変革リーダーには、このような状況下でも社内の雰囲気を盛り上げるスキルが欠かせない。

リーダーは部下たちの精神面、すなわち、気持ちの揺れや感情の起伏に細心の注意を払い、社内に混乱を来すことのないように努めなければならない。そのためには、良い知らせと悪い知らせを秤にかけながら、微妙に使い分けるバランス感覚が求められる。

社員たちには「自分が払った犠牲はけっして無駄ではなかった」、あるいは「自分が成し遂げたことが会社に認められ、報われた」と実感させる必要がある。同時に、現状に満足している余裕はないことを認識させなければならない。

コミュニケーション面での課題は山のようにある。楽観視しつつも現実の厳しさを伝える話し方を探り、あらゆるメッセージについて正しい文脈と正しいタイミングを注意して選び、その優先順位を調整することが肝要だ。

レビーの課題は3つあった。1つ目は、残ったスタッフたちの声に耳を傾け、大量レイオフやその他の厳しい措置によるショックから回復する時間を与えること。2つ目は、スタッフたちを気遣い、その支援を実感してもらうこと。3つ目は、再建計画が着々と進んでいることを保証すること。特にこのプロセスは、相互信頼とスタッフたちの意欲にかかっていた。

レビーいわく、「私は、ねぎらいの言葉とプレッシャーをかける場面を使い分ける必要がありました。これは微妙なバランスが要求されます。その一方で、スタッフたちの奥底にある価値観と使命感に期待しました。苛酷な5年間でしたが、スタッフたちは病院を見捨てることはありませんでした。みんな、やる気にあふれ、他人を思いやり、仕事を大切にする人たちです。誰もが役に立ちたい気持ちでいっぱいでした」。

その第一歩は、滅入りがちなスタッフの気持ちを理解し、彼らの目を未来へ向けさせることだった。

初回の大量レイオフの直後、スタッフたちは意気消沈していた。レビーは、こんな時に再建計画の最終案を発表しようものなら、「何と冷酷な人だろう」と見られかねないことを承知していた。

数日後、スタッフ全員に送ったメールの中で、みんなの気持ちは十分理解していることを、こう伝えた。「病院に残った我々にとって、今週はつらい一週間になりそうです。オフィスもガランとしていますし――」

しかし、続けて「将来に目を向けましょう」と元気付け、極めて楽観的な調子でこう締めくくった。「我々の目標は病院を存続させることだけに留まりません。持続的な繁栄を通して、独自の個性を誇る大学病院が地域にどのような価値をもたらすのか、その模範を示すことです」

この強気の発言の追い風となるような幸運が、その週末に起こった。初めてスーパーボウルへの進出を果たしたニューイングランド・パトリオッツが、終始劣勢が予想されながらも試合終了90秒前に劇的な逆転で優勝を飾ったのである。翌週の月曜日にレビーが出社すると、あるスタッフはこう言ったそうだ。「パトリオッツにできたのだから、我々にだって、できるはずです」

次の課題は、スタッフたちを待っている厳しい課題に集中させることだった。再建計画に着手して2カ月が経った4月12日、レビーは「よくある質問」をメールで送り、現時点までの進捗状況について、おおむね好意的な見方を披露した。さらに、コスト管理の必要性を忌憚なく述べると同時に、業績給はまだ導入されていないことを思い起こさせた。

当然ながら、この説得作戦は、スタッフの大半が思い描いていたバラ色の未来とはほど遠いものだった。しかし、レビーは厳しい現実に耐えられるだけの時間はとうに終わっていると判断したのだった。

その1カ月後、状況は一変した。再建計画の第1段階で実施された業務改善策が定着し始めたのである。合併して以来、最高の業績で、予算を大きく上回った。レビーは再びスタッフたちにメールを送り、惜しみない称賛を贈った。また、いつものQ&Aフォーラムを開催し、具体的な進捗状況についてより詳細な情報を流し、スタッフたちの功績を称えた。

説得作戦4　望ましい習慣を徹底させる

再建のさなか、リーダーが直面する最大の難問は、機能不全に陥った「ルーチン」に逆行させないことだ。これは、個人や集団に習慣化した後ろ向きの行動様式のことで、慣れ親しんだ環境や何かの刺激をきっかけに自動的かつ無意識に出てくる（**章末**「機能不全に陥ったルーチンの弊害」を参照）。新しい行動様式を維持するには、何らかの手助けが必要だ。以前のやり方がすっかり染み付いている場合は、なおさらである。優れた変革リーダーは、部下たちに望ましい行動を訓練させる機会を与え続ける。同時に、その新しい行動様式をみずから実践し、コーチングとサポートを提供する。

筆者らは再建の成功事例の研究を通じて、優れた変革リーダーは有言実行によって、組織の価値観を定期的に徹底させていることを発見した。その目的は部下たちの思考様式だけでなく、行動様式も変えることにあった。

たとえば、会議やメールの中で、率直さ、寛容さ、礼儀正しさ、チームワーク、権限委譲、フェース・

トゥ・フェースのコミュニケーションなど、価値観について語ることはできる。しかし、必要とあれば公の場であろうと、破壊的で対立を生じさせかねない行動を批判し、そのような行動は許されないことをはっきり示さない限り、社員たちの胸にそのメッセージは届かない。

BIDMCでは、内科、外科、整形外科など、主な診療科目の医長たちは、レビーにとって特に頭の痛い問題だった。おそらく彼が医師ではなかったからだろう。

医長は、言わば「学部長もどき」であり、専用の施設や資源、スタッフを抱えており、ほとんど自己完結している。学究の徒でもあり、主に個人的な功績への報酬も得ている。事業や経営上の問題解決という点では、彼らの経験は限られていた。

レビーはこれら医長に対処する際、厳しい規律を適用するだけでなく、人前であろうとすぐさまそれを徹底するアプローチを採用した。彼は行動規範を設け、スタッフ全員がそれに従うよう要請した。

レビーは医長たちとの会議で、まず会議のルールについて説明した。そこには「反対意見があるならば、それを述べること」「決議に反対でも、不快な態度は取らないこと」など、ごく当たり前なルールも含まれていた。そして、議長を務めることで、望ましい行動をレビー自身が示した。このようなルールを設けたのは、対人行動に関する新しい基準を導入すると同時に、このプロセスで機能不全に陥ったルーチンを改善するためだった。

CEOに任命されてから1カ月半後、レビーに大きな試練が訪れた。それは、このような基準を徹底させる能力が備わっているのかどうかを問うものだった。医長全員が出席した会議の後、会議中は終始口を閉ざしていた医長が、決定事項についてメールで文句をつけてきたのだ。それは他の医長だけでなく、理事長にもＣＣで送信されていた。

このような事態が発生した場合、多くのＣＥＯは、その当事者を呼び付けて、その非をとがめるだろう。ところが、レビーはそのメールへの返事を、くだんの医長のみならず、ＣＣに入っていた面々にも送信した。そして、新しい会議ルールに背く無礼な態度はもとより、意見があるならば会議中に述べるべきだったことを指摘し、その医長を非難した。あたかも公開処刑のようだった。

何人かの医長は、レビーの言い分はもっともであると、こっそり伝えてきた。彼らも、この同僚の思い上がりに気分を害していたのだった。より大きな意味では、この遠慮会釈ない批判は破壊的な行動を阻止しただけでなく、新しい行動規範を周知徹底させる一助となった。

優秀な変革リーダーは、期待される基準を設定し、望ましい行動を徹底させる。ただしその際、たいていの人たちが、グループとして、どのように意思決定を下し、どのように協働すべきかについて、単に知らないだけであるということを認識する必要がある。

リーダーは重要な決断と責任の一部を部下たちに委譲することによって、新しいやり方を覚える機会を豊富に提供できる。その際、部下の業績評価指標には、どのような意思決定を下したのか、また新しい基準と業務プロセスにどれくらい忠実であるかを含めるべきだろう。

この精神に則り、レビーは自分の立場を、判事のようなものだと規定した。たとえば、スタッフたちがレビーにある問題や状況への介入を求めた場合、「下級裁判所が使ったプロセスを見直して、それがルールに従っているかどうかを判断します。もし従っているのであれば、その決定は有効とします」という結論になる。

その際、問題を差し戻したり、各部門やグループの決定を退けて自分が判断を下したりはしない。スタッフたちが消極的な場合でも、レビー自身が解決策を指示するのではなく、スタッフ自身の手で解決することを求めた。

ただし、彼らに基本スキルが欠けている場合は、みずから介入して、コーチングすることもある。たとえば、提案された行動について2人のスタッフの意見が対立した場合、まずレビーが口火を切り、論と論をぶつけさせた。次いで、彼らの上司をこの議論に参加させ、意見の対立を解消させた。また、その次のスタッフ会議の席で、レビーは当事者たちが意見の相違を公にすることをいとわなかった点をほめた。加えて、徹底的に議論することは健全かつ望ましいことであり、対決を避けてはならないことをあらためて強調した。こうしてスタッフたちは、自力で問題解決する経験を重ねていった。

再建の成否を判断する究極の基準が業績であることは言うまでもない。BIDMCの場合、レビーがCEOに就任してから、ことのほか好調だった。当初の再建計画によると、変革が一段落するのに3年を要し、2001年の5800万ドルの赤字から、2004年には収支がトントンになる予定だった。ところが、収入の拡大と大幅なコスト削減の結果、2004年末には当初計画をはるかに上回り、経常利益は3740万ドルとなり、黒字を計上した。

シニアスタッフや医長たちはテキパキと意思決定し、その中身もより状況にふさわしいものに改善された。当然ながら、スタッフの士気は向上した。次の業績指標がその事実を端的に示している。看護師の年間離職率は、レビーがCEOに就任した時点では15ないしは16%だったが、2004年半ばまでには3%まで下がった。一連の業績に満足した理事会は、レビーとの3年契約を更新した。

説得は最大の武器

ＢＩＤＭＣの再建が成功したのは、変革の種を蒔く前に、必ず組織文化の土壌をならしておくことの重要性について、レビーが十分理解していたことである。

変革を受け入れる下地が整えば、誰もが変革の必要性を正しく理解する。加えて、変革を成功させたいという思いが強まり、要求されたステップを忠実に実行するようになる。

意識の面でも、受け入れ態勢が整った社員たちは、組織が直面している問題の性質や深刻度に関する意見の相違に拘泥したり、根拠のない偏見に囚われたりしない。

そして、不満足な業績の原因について客観的に判断し、一様の見解を示すようになる。

現在の財務、オペレーション、市場に関する問題の深刻さについても認識している。また、一連の問題について、自分たちにも責任の一端があることを認めてもいる。

このように事実を共有し、これに基づいて診断することは、変革に不可欠な作業の一つである。

感情の面でも、受け入れ態勢が整った社員たちは、組織とその価値観、そして自分自身を同一視し、存続に尽力する。組織には収益、市場シェア、株価の上昇以上の意味があり、したがって救済に値する価値があることを信じているのである。

以上のことと等しく重要なのは、社員たちはリーダーが同じ価値観の持ち主であり、それを守るために戦うと信じ、信頼を寄せていることである。そのように見なされれば、社員からの信任が得られ、提案に確証が持てない場合でも、社員たちは前向きに解釈してくれる。

このような環境に置かれた社員たちは、期待される行動を現実的かつ実践的に経験することができる。変革が待ったなしの状況にあることを、社員たちもその目で知り、何が起こりつつあるのかを十分理解しているからだ。

社員自身が試行錯誤の末に意思決定を下し、慣れないやり方を習得する環境が整えば、リーダーは無用な心配を和らげ、大規模な変革においては不可避な風説の悪影響を排除することができる。

ここに力強い教訓がある。変革を受け入れる環境を整えるに当たって、説得は究極の武器である。説得は理解を促し、理解は受容を育む。受容は行動を導く。説得なくして、再建の成功はない。

機能不全に陥ったルーチンの弊害

「人間は習慣の生き物」といわれるが、組織も「ルーチン」を糧に生きている。たとえば、計画通りに実績が上がらないと、経営陣は一種のルーチンとして予算を削減する。

ルーチン、すなわち、無意識のうちに表れる定型的な行動について、具体的な解説はないが、その力は知らずしらずのうちに強化され、驚くほどの抵抗力を備えている。したがって、ルーチンが適正なものであれば、認知したことを効果的に処理するうえで、ほとんどの場合、期待通りに機能する。

対照的に、機能不全に陥っているルーチンは、変革を阻害するバリアとなる。たとえば、かつては有効だったが、いまや役に立たなくなった時代遅れの行動などはその典型である。そのほか、条件反射的な反応、受け身、非生産的な足の引っ張り合い、時には積極的な抵抗なども同様である。

機能不全に陥ったルーチンはけっこう頑固な代物だが、変えられないというわけでもない。新鮮味、現在の主流は昔のそれとはまったく違っているという感覚は、このようなルーチンを除去する最も強い力だ。

ルーチンの機能不全を解決するには、リーダーは状況が一変したことを知らしめるシグナルを送らなければならない。部下と協働しながら、機能不全に陥っているルーチンを見つけ、これを検討し、望ましいものに置き換えなければならない。

こけおどしでも続けるべし

一部の組織はプロセスを重視しすぎるあまり、目的と手段、形式と中身を混同する。どのように提示するかが、何を提案するかよりも重要になる。プレゼンテーションのシナリオを入念に準備し、承認のサインをもらうまでに、とてつもなく長い時間をかける。その結果がパワーポイントの山である。進展しているかのように見えるが、実はほとんど進歩していない。

隣の芝生はいつも青い

コア事業における難題から目を背けて、むしろ新商品、新サービス、新分野に目を向ける人がいる。時には、このような多様化が健全な場合もある。しかしこのような行動は、深刻な問題から逃げるための戦術であることがあまりに多い。

「ノー」の文化

皮肉屋と批評家が幅を利かせている組織では、いつも「拒否する」理由がつくられる。批判に批判を重ねることは、リスクテイキングを回避し、偽りの優位性を主張する容易な方法である。このルーチンの名づけ親は、ルイス・ガースナーだといわれる。彼はIBMのCEOに就任した早々、この存在に気づいたそうだが、多くの組織に共通して見られる文化である。

別のCEOは、新施策を説明した際の、チームの反応をスキート射撃になぞらえてこう語っている。「誰かが『撃て』と叫ぶと、反対意見がいっきに火を噴き、提案したアイデアは粉砕されて地面に落ちてくるのです」

このルーチンが生まれてくる原因は2種類ある。一つは、批判と分析を過大評価する企業文化であり、もう一つは、多くの承認を必要とする複雑な意思決定のプロセスである。特に後者の場合、誰でも「ノー」は言えるが、「イエス」はためらわれる。

この傾向は、大規模な組織単位を率いるリーダーに見られがちである。なぜなら、巨大な権限を握ったことで、上からの指示を煙たく思っているからだ。

会議が終わった後で話し合いが始まる

このルーチンは、一見しただけではわからない場合が多い。というのは、裏で起こっているケースがあまりに多いからだ。和やかで、協力的な会議の後、抵抗活動が繰り広げられる。抵抗者は隠れている場合もある。公式の議論の場を完全に避けて通り、自分たちの懸念を頭越しに経営陣に陳情する。その結果、どうなるか。中身よりも政治力が物を言い、現場の会議は空虚な儀式となり、干渉するのが当たり前という状況ができ上がる。

位置について。よ〜い、よ〜い

ここでの問題は、組織に求められる具体的行動を決定できないことだ。スタッフは間断なく提案書と報告書を作成する。マネジャーは最終決定を下すことなく、選択肢を繰り返しいじって微調整する。「アナリシス・パラリシス」（分析マヒ）と呼ばれるこのパターンでは、ミスを犯すとキャリアが台無しになるおそれがある。つまり、波風を立てた社員は溺れ死ぬ可能性が高い。完全主義の文化が色濃い組織によくある。

これもそのうち消える

過去のリーダーたちが、数え切れないくらい「緊急事態」を宣言しながら、実質的な変革運動が実施されなかった組織の社員は、うんざりしている。

このような組織では、頭を伏せて戦火が収まるのを待つメンタリティと、トップの指示に従うのを渋る気持ちが醸成される。ほとんどの社員は、最も賢明な行動は、新しい施策など無視し、その周辺でおとなしく作業し、イベントが終わるのを待つことだと信じている。

【注】
"The Nut Island Effect: When Good Teams Go Wrong," HBR, March 2001.（邦訳「『ナットアイランド症候群』の悲劇」『DIAMONDハーバード・ビジネス・レビュー』2001年9月号）を参照。

第3章

【インタビュー】

IBMバリュー：終わりなき変革を求めて

IBM 会長兼CEO

サミュエル J. パルミサーノ

［聞き手］

ハーバード・ビジネス・レビュー（HBR）シニアエディター

ポール・ヘンプ

ハーバード・ビジネス・レビュー（HBR）編集長

トーマス A. スチュワート

"Leading Change When Business Is Good"
Harvard Business Review, December 2004.
邦訳「ＩＢＭバリュー：終わりなき変革を求めて」
『DIAMONDハーバード・ビジネス・レビュー』2005年3月号

サミュエル J. パルミサーノ
（Samuel J. Palmisano）
1973 年に IBM に入社。2000 年９月、ルイス・ガースナーから社長兼 COO に指名され、2002 年３月に社長兼 CEO に就任。2003 年１月に会長兼 CEO に就任。2012 年に退任。

新生IBMの新しい価値観をつくる

2003年7月、IBMは72時間に及ぶ実験を敢行した。その結果の行方は、同社の研究室で行われているあらゆる実験と同じく、まったく予断を許さなかった。

組織の頂点から底辺に至るまで、全社的な見直しに着手してから半年を経た後、IBMの価値観について3日間に及ぶディスカッションがイントラネット上で実施された。「バリューズジャム」と名づけられたこのネットフォーラムには、数千人の社員が参加し、コンピュータの巨人IBMならではの特徴、また存在意義について侃々諤々の議論が繰り広げられた。

3日間で、CEOのサミュエル・パルミサーノを含め、IBM社員の5万人がこのディスカッションを閲覧したと推定される。しかも、そこに投稿された価値観に関する意見はおよそ1万件に上った。とにかく、バリューズジャムが参加者の心に何かを訴えたことは間違いなかった。

もっとも、そこから聞こえてきたのは耳に障るような不協和音ばかりだった。なかには、明らかに皮肉でしかない意見もあった。たとえば、こんなタイトルがつけられていた。「いまのIBMで唯一価値があるのはその株価だ」。また「会社は社員の価値を評価する（そりゃそうさ）」と題した投稿もあった。

その一方、マネジメントに関する根本的な問題点を指摘するものが多かった。「信頼とか、リスクテイキングとか、IBMではそのようなことがよく口にされます。ですが、その一方で、次から次へと監査が実施され、ミスを犯せばペナルティが科せられ、失敗は学習の一部であると肯定的に評価されることなどありません。管理職、そしてそれ以外の人たちも、常に監視の目にさらされています」と、ある社員は投稿している。

「当社の若いエグゼクティブの間には、シニアなエグゼクティブに異を唱えることをはばかる雰囲気が漂っています。『サム（CEO）にその戦略は間違っていると伝えてくれませんか』といった言葉を何度聞いたことでしょう」とこぼす社員もいた。

議論が始まって24時間が経過した時点で、少なくとも1人のシニアエグゼクティブはバリューズジャムを中止したいと考えた。しかし、パルミサーノは首を縦に振らなかった。

やがて、バリューズジャムに変化が見え始めた。1日目は、批判的な社員たちが日頃のうっぷんを晴らすかに見えたが、これが一段落すると、次第にこれらへの反論が割って入り始めたのである。彼らはIBMの悪いところを認めつつも、IBMの文化と価値観の多くは守り続けるに値すると論じた。ある者は次のように投稿した。

「18年前に入社した当時、裁判所から陪審員の要請を受けました。当日、裁判官の席の近くに行って、（弁護士の）質問に答えていた時、裁判官が次のような言葉を述べたのを聞いて驚きました。『ほかにどなたを選ぼうとかまいませんが、このIBMの社員の方だけは陪審員に残ってほしい』。私はいままでこれほど誇りを感じたことはありません。誠実さ、卓越性、そしてクオリティ――。裁判官の言葉がそのすべてを語っていました」

このような意見がだんだんと出始め、批判もむしろ建設的なものへと変わり、バリューズジャムの議論は安定し始めた。その争点は、IBMが価値観として固持すべきものは何であり、また改めるべきは何なのかに移っていった。

1914年、インターナショナル・ビジネス・マシンズが計算機や食肉の計量秤、チーズスライサーをつくっていた時代、初代社長のトーマス・ワトソン・シニアは「基本的信条」と銘打った3大原則を打ち出した。すなわち、「個人の尊重」「最善の顧客サービス」、そして「完全性の追求」である。これらの信条が半世紀以上にわたって、IBMならではの企業文化を培い、その成功を後押ししてきた。

パルミサーノがCEOに就任した2002年までに、「ビッグブルー」(注1)には数々の出来事が起こっていた。1990年代初頭、創業以来最悪の赤字を記録したものの、その後ルイス・ガースナーの下で活路を見出し、メインフレームメーカーから脱皮し、ハードウェア、ネットワーキング、ソフトウェアを統合したソリューションプロバイダーへと変身を遂げた。

パルミサーノはワトソン元会長の基本的信条がいまなお有効、すなわち、もしIBMがかつて以上の瀕死の危機に陥ろうと、社員たちを鼓舞するような新しい価値観の基礎になると考えていた。

パルミサーノはこの基本的信条の現代版を求めて、手始めに300人のシニアマネジャーたちに質問すると、立て続けに1000人以上の社員を対象にサーベイを実施して、議論にはずみをつけた。彼は、あらゆる階層と職能、地域の社員たちが、IBMの価値観とIBMの未来に期待していることをどのように表現するのか、全身で感じ取ろうとしたのである。そして、この調査結果に基づいて、バリュージャムの議題が絞り込まれた。

バリュージャムの後、そしてその最中も、スタッフたちは投稿内容を詳しく調べ、中心課題に関して寄せられた数百万ワードにも及ぶ意見を検討した。最後に、パルミサーノを含めたメンバーが修正を施し、新生ＩＢＭの価値観は完成に至った。

２００３年11月、この新しい価値観はイントラネットを通じてＣＥＯから社員に発表された。すなわち「お客様の成功に全力を尽くす」「私たち、そして世界に価値あるイノベーション」「あらゆる関係における信頼と一人ひとりの責任」である。

いささか大風呂敷を敷いたように思われるだろうか。しかし、これらの価値観は、ＩＢＭにすればまがうかたなく理にかなったものであり、そこにはさまざまな意味と意義が込められている。

新しい価値観がけっしてお題目ではないことを証明するために、パルミサーノはすぐさま次なる改革に着手した。

まず彼は、重要な事業部門の一つ、米国法人向けｅビジネス・ホスティングサービスの担当ディレクターのところを訪れ、新しい価値観と社内の現実とのギャップを見極める作業を依頼した。また、15人の直属の部下たちには、単刀直入、一丸となって取り組むように指示を与えた。

２００４年10月には、別のオンラインジャム（非公式に「ログジャム」と命名された）が開催され、そこでは社員たちに向けて、組織の中でイノベーションと売上増の足を引っ張っているものは何か、突き止めるように呼びかけられた。

パルミサーノは、ガースナーが策定した戦略を土台に前進していると説明しているが、２人のリーダーシップスタイルは何とも対照的だ。実際、ガースナーの時代では、ＩＢＭの遺産について発展的な議論が交わされることは皆無に等しかった。

ガースナーは、マッキンゼー・アンド・カンパニーのコンサルタントからＲＪＲナビスコのＣＥＯを経て、ＩＢＭに迎えられた、言わば外様の人間であり、沈みゆく巨艦を再浮上させるという難題に取り組むことが急務とされた。実際、彼はＣＥＯ就任直後、「ＩＢＭがいま、最も必要としないものはビジョンである」と述べていたことは有名である。

一方のパルミサーノは、１９７３年にバルチモアで営業マンとしてそのキャリアをスタートした、生粋のＩＢＭマンである。

ＩＢＭが屈辱を味わった１９９０年代初頭、パルミサーノと同世代のＩＢＭ社員たちは耐えがたい無念に暮れた。むろん、彼もその一人であった。彼は切ろうにもけっして切れないＩＢＭとの絆を忘れることなく、いつかまたＩＢＭにかつての威光が訪れることを信じていた。

往時の営業マンだった、当時のパルミサーノを、同僚の言葉を借りて表現すれば「成果重視であり、雨が降ろうが槍が降ろうが、とにかく取引をまとめ上げる男」であり、したがって「信頼」といった主観的な話題で熱弁を振るう者として、真っ先に頭に浮かんでくるタイプではないという。

本稿は、ハーバード・ビジネス・レビュー（ＨＢＲ）のシニアエディター、ポール・ヘンプと編集長のトーマス・Ａ・スチュワートによるインタビューをまとめたものである。その中でパルミサーノは、ＩＢＭにとって価値観がいかに戦略上重要であるかを語っている。

彼はまず、財務数値というハードな要素と企業の価値観というソフトな要素を共存させることがなぜ、そしてどのような点において難しいのかについて説明してくれた。

適応力の高い組織には優れた価値観がある

HBR（以下太文字）：企業の価値観は、実際のビジネスにはほとんど影響を及ぼさない、聞こえのよいメッセージである場合が多いものです。企業の価値観をそれ以上のものにできると考えた、またそう考えている理由とは何ですか。

パルミサーノ（以下略）：当社のロビーにかけてあるワトソン元会長の肖像画をご覧になられましたか。こんなに険しい表情の肖像画を見たことがありますか。絵に描かれている目は、あなたを真正面から突き刺すように見つめていませんか。どう間違っても柔和な人ではありません。

彼は資本家でした。彼はＩＢＭが金を稼ぐこと、それも大金を稼ぐことを望んでいました。しかし、彼はその鋭い洞察力で、自分がこの世を去った後も、ＩＢＭが長期にわたって繁栄し続けるような組織を確立したのです。彼が掲げた3つの基本的信条があったからこそ、ＩＢＭは50年以上にわたり、途切れることのない変化を乗り越え、たび重なる改革に挑み、成功を収めてきたのです。

有機体——企業組織はそもそものようなシステムですが——適応を繰り返していく必要があります。そして、これを可能たらしめるものこそ、価値観であると我々は考えているのです。それは——今日のＩＢＭでは基本的信条と呼ばれていますが——信念とか、原則や指針、あるいはＤＮＡと呼んでもかまわないでしょう。

価値観は、製品から戦略、ビジネスモデルに至るまで、あらゆるものを変革するものでありながら、その組織の本質、基本的な使命、アイデンティティにけっして矛盾するものでもありません。

しかし残念ながら、ここ数十年間でワトソン元会長の基本的信条はゆがめられ、一人歩きをし始めていました。「個人の尊重」は、既得権を意味するようになりました。すなわち、すべての人に仕事や発言の機会を公平に与えるという本来の意味は失われ、仕事の保証とか、社内文化によって必然的に決まる出世という意味合いに変わりました。「完全性の追求」は、傲慢へと変わりました。我々は、市場やお客様、そして同僚の声に真摯に耳を傾けなくなっていました。あまりに長い成功体験のせいで、物事を新しい視点から見ることができなくなってしまったのです。

そして市場に変化が訪れた時、ＩＢＭは倒産寸前にまで追い詰められました。40万人を超える社員の半分がリストラを余儀なくされました。すなわち、わずか数年の間に、米国北東部の中都市、たとえばロードアイランド州プロビデンス市の人口に匹敵する人たちが会社から去っていったことになります。

もしあなたが私と同じように、この受難の時期を乗り越えた経験を持っているならば、ＩＢＭの価値観がどのように問題視されるものへと変容していったのか、たやすく想像できることでしょう。

しかし私は、ＩＢＭが大きな変化を乗り越え、現在直面している難題に対応する指針として、価値観がいま一度役に立ってくれると信じています。たとえば、当社のように大人数で多種多様な社員全体を一つにまとめ、そのやる気に火を点すには、強力な価値観が欠かせないと感じています。

現在、30万人を超える社員たちが１７０カ国でお客様のために働いています。これらの社員のうち、オフィスに毎日顔を出さない社員が4割ほどいます。お客様のところや自宅で働いているか、モバイル環境で作業しているからです。

おそらく一番重要な点であると考えますが、今日の社員の半数の勤続年数は5年以下であるという事実です。昨今の企業買収をはじめ、専門職の中途採用が比較的最近に慣例化し始めていますが、これがその理由です。かつては、若者たちを採用し、教育することで生涯勤続してもらうことがＩＢＭの伝統でした。現在ＩＢＭでは、控えめに見積もっても毎年2万～2万５０００人の人材を採用しています。

言ってみれば、ロードアイランド州プロビデンス市に、人をまた呼び始めたことになりますね。

その通りです。では、これら多様性と流動性に富んだ人材とそのキャリアをどうすれば、一つの共通目標に向かわせられるでしょうか。また、どうすれば一心不乱に仕事に取り組んでもらえるでしょうか。昔ながらのトップダウン方式のマネジメントプロセスを試してみるのも一考かもしれません。しかし、ＩＢＭではまず奏功しないでしょう。というよりも、21世紀では、どこの企業でもうまくいくことは少ないのではないでしょうか。

高い専門性を有する大人数の社員たちに向けて、コントロール・アンド・コマンド型のメカニズムを強制することなど、どうしてできましょうか。これは、研究者やエンジニア、コンサルタントだけに当てはまる話ではありません。ＩＢＭの社員の20万人以上が大卒です。たとえＣＥＯでも、「一列に並んでついてこい」とか、「皆さんの価値観をこのように決めました」などと命令したりできないのです。

社員は賢い人たちばかりです。このようなやり方はけっして適切ではありません。ご存じのように、頭のよい人たちは、何と言いましょうか、えてして挑戦的ですね。さらに言えば、シニカルなところがあると言ってもよいかもしれません。

仮にＩＢＭの社員たちが階層に従った伝統的なマネジメントシステムを受け入れたにしても、お客様はそうはいきません。我々が何年もかけて学習してきたことですが、トップダウン方式のせいで息苦しい官僚的な体制ができ上がり、今日のお客様が期待しているスピードや柔軟性、イノベーションに対応できなくなりかねません。

価値観を中心としたマネジメントシステム

価値観とは、経営者がそばにいない時、社員たちの行動を律するものであるということでしょうか。実際、ＩＢＭの規模と、社員が意思決定をスピーディに下す必要性を考え合わせれば、経営者が近くにいることは無理でしょうし、またそうあるべきでもないでしょう。要するに、マネジメントするために価値観を活用するということでしょうか。

そうです。「バリューズ・ベースト・マネジメント」(注2)です。これを少し異なる観点から説明したいと思います。

考えてもみてください。いかにＩＢＭをうまく組織化しようとしても、完全無欠の方法など存在しません。ＩＢＭはかねてから、大規模で、大成功を収め、きちんと管理されている企業であると見られていました。それは一種のほめ言葉でした。

しかし、今日のように変化が激しい環境では、きちんと管理されていること自体が問題なのです。分析に時間をかける、意思決定プロセスがもたもたしているなど、何かと官僚主義に陥りやすいからです。

ＩＢＭの組織図を想像してみてください。当社が１７０カ国で事業展開していることは、先ほどお話しした通りです。話を単純化するために、製品ラインは60ないし70だとしましょう。また、顧客セグメントは両手を超えるくらいとします。

では、これらを3次元のマトリックスで表現すれば、10万以上のセルができることになります。これら一つひとつのセルの中で、毎日収支を計算し、意思決定を下し、資源を配分し、取引していることになります。これらのセルが交わるところすべてを中央集権的に管理しようものなら、その担当者はきっと気が狂ってしまうことでしょう。

組織構造や経営陣の指示によって、ＩＢＭの力を最大限に引き出すことはまず無理なのです。ならば、社員が正しい判断を正しい方法で下せるように支援すると同時に、彼らに権限委譲するしかありません。

ここで「正しい」という言葉を使いましたが、倫理や法律を遵守することだけを指しているわけではありません。これらは基本中の基本です。私が申し上げたいのは、ＩＢＭの戦略とブランドを後押しし、そこに息吹を与えるような意思決定、またそのような企業文化を醸成するような意思決定のことです。

このような理由から、ＩＢＭでは価値観はけっして軽いものではないのです。価値観は、我々の行動規範であり、組織の使命を謳ったものです。また、分散して下される意思決定の統一基準として機能するものです。

昔からの経験則によれば、「人はあなたが期待することはしない。あなたが（後で）確認することをする」といわれます。しかし、全員をくまなく観察することなど、とうてい不可能です。かといって、完全に手綱を放して、指導することを放棄し、何の基準もなく好き勝手に行動してもらうわけにもいきません。ですから、社員に権限を与えると同時に、ＩＢＭの一員として矛盾のない意思決定を下す土台となるマネジメントシステムを構築しなければなりません。

戦略と価値観

新しい価値観はＩＢＭの戦略を推し進めるうえで、どのように役立っているのですか。

大きく分けて、2つの方面で貢献しています。12年ほど前、ＩＢＭの事業の5分の3をコンピュータハードウェアが占めており、ソフトウェアとサービスが残りの5分の2でした。今日では、これが逆転し、その差はさらに広がりつつあります。

ビジネスの5分の3を製造分野が占めている時代なら、経営者は「あなたはこうしなさい。そこのあなたはこうしなさい」と基本的に監督者としての務めを果たせば事足りました。しかし、ビジネスが知識集約的なものに変わった時、同じやり方ではうまくいきません。また、ビジネスモデルも一変します。一例を挙げれば、製品ではなく、社員が会社のブランドを代表するようになります。製品がＩＢＭブランドの約束を果たすものでなければならないのと同様、いまでは、かつてないほどに社員にも同じことが求められています。これを徹底する一策が、全世界的に統一された価値観によって社員の行動を律することです。

もう一つの方向とは、ＩＴ業界は再統合へと向かい始めていることです。１９８０年代、そして90年代、ＩＴ業界がどのように拡散し、細分化されていったのか、もはや誰もが知るところです。

コンピュータシステムを構成しているプロセッサー、記憶装置、ソフトウェアなどを、さまざまな企業が別々に販売するようになり、垂直統合型のコンピュータメーカーの元祖であるＩＢＭは、息の根が止まる寸前まで追い詰められました。

しかし、再びお客様は、一社にコンピュータ製品とサービスのパッケージを求めるようになりました。お客様のビジネス上の課題に見合った形に統合されたソリューションを提供する企業が求められるようになったのです。ＩＢＭにとって、いま一度大きなチャンスが到来したわけです。

我々はおそらく、ほかのどの企業にも負けないくらい、コンピュータ製品とサービス、そしてノウハウを広範囲に揃えています。しかし、それゆえに難しい問題も生じてきます。

事業部門は広範に及び、それぞれが異なる財務目標とインセンティブを与えられています。そのような人たちが一つのチームとなって協力し合い、包括的かつカスタマイズされた、しかも部門の継ぎ目が見えないようなソリューションを単一価格で提供するには、いったいどうすればよいのでしょうか。

一般に、大規模な合併を果たした後、社員たちをいかに融合させるのかという問題に直面します。一方IBMは、業界の再統合に対応する戦略上、既存の社員たちを融合させる必要が生じたのです。

私が新しい組織構造や内部統制の強化にその答えを求めなかったことは、むしろ当然のことだったのです。この種の協力関係を育むうえで必要なのは、我々が日々の業務で意思決定を下すうえでの拠りどころとなる指針なのです。言い換えれば、それこそが価値観なのです。

では、現在の戦略が変更された時はどうなるのでしょうか。

実は、正しい価値観が極めて重要である理由がそこにあります。市場が変化し、技術が日進月歩で移り変わっていくに伴い、たえず次なる戦略の立案に迫られます。ですから我々は、新しい戦略を素早く実行に移せる組織を育むような価値観を求めたのです。同時に、ワトソン元会長の基本的信条と変わることなく、景気循環や地政学的な変化の中でも組織を導き、製品や技術の進歩、社員やリーダーの交替を超越した不変の価値観が必要だったのです。

新しい価値観はどのように生まれたのか

過去の伝統と社員たちのフィードバックから、どのように新しい価値観を導き出したのですか。

ＩＢＭが最後に価値観を見直したのは、およそ１００年も前のことです。ワトソン元会長は、現代風に申し上げれば、ベンチャー起業家でした。１９１４年、彼はぶっきらぼうにこう言ったそうです。「これが当社の信条である。これらを覚えてくれたまえ。そして、もれなく実践してくれたまえ」

当時はそれが妥当なやり方であり、この結果成功したことに疑問の余地はありません。しかし、それから90年経ったいま、本社の役員が夜中にベッドから起き上がり、「これこそＩＢＭの新しい価値観だ」とツルの一声で決定を下すようなことは、もはや不可能です。ＩＢＭのような大企業が再びＤＮＡに手を入れようという時、一個人の無手勝流に任せて解決するわけにはいきません。

我々は、社員たちが価値観の体系をみずから築き上げ、会社の原則を決定できるような方法を考え出す必要に迫られました。そして、ワトソン元会長の基本的信条は、たとえそれが長年にわたってどんなにゆがめられてきたにしても、新しい価値観の原点に位置付けなければなりませんでした。

まずＩＢＭの上位３００人のシニアマネジャーたちから意見を集め、次いで１０００人を超える社員を対象に、統計的に見てＩＢＭを代表する部門を横断したフォーカスグループを実施した後、我々は非の打ちどころのない、３つの確固たる価値観をつくり上げました（章末「ＩＢＭの価値観：継続性と変化」を参照）。私は、最終的にこの価値観を全社に投げかけて議論しようと考えました。そこでイントラネット上で全社員がライブで話し合うというバリューーズジャムが実施されたわけです。

このバリューーズジャムの間、あなた自身はどのような経験をされたのでしょうか。パンドラの箱を開けてしまったような気持ちにはなりませんでしたか。

私は中国からイントラネットにログインしました。かなりの時差ぼけで、なかなか寝付けなかったこともあり、お客様に関連する問題をはじめ、さまざまなテーマに割り込んで投稿しました（章末「サムが議論に割って入る」を参照）。ご多分に漏れず、ネット上での議論は白熱し、いさかいが起こりやすく、バリューズジャムの立ち上がりは混沌としていました。ですが、我々は静観していなければなりません。とはいえ、IBMでは、以前にも大規模なオンラインジャムを3～4回実施していましたので、どれくらい過熱するのか、ある程度は予想できていました。

しかし、バリューズジャムで解き放たれた感情を目の当たりにしても平然としていられるくらい、心の準備ができていたかというと、けっしてそうではありませんでしたが。

バリューズジャムでは、おのれを捨ててかかる必要――CEOの立場からすれば、それはたやすいことではありません――がありました。また、目の前の出来事は最善の結果であると言い聞かせなければなりません。「しまった。自分は信じられないような負のエネルギーを解き放ってしまった」と考えるか、「やった。自分はさらに変化に拍車をかけるような、素晴らしい力を持ち合わせているんだ」と思うか、いずれも自分次第です。

1993年、ガースナーが招聘された時、IBMは誰の目にもその存亡が危ぶまれる状態にありました。実際、会社全体が火に包まれていました。バラバラに解体するという話さえ持ち上がっていたくらいです。しかし、彼は見事に立ち回り、この難局を切り抜けたのです。この外様CEOは会社を救い、再建するために、私のような数万人もの社員たちに危機意識を等しく植え付けることに成功しました。それは疑いなく、産業史において最大の企業再生の事例に数えられるでしょう。

ただし当時は、我々社員たちに危機感を抱かせることに、取り立てて特別な工夫はいりませんでした。みんなすでに危機を感じていたからです。正気に戻すために揺さぶってみる必要はあったでしょうが、ほとんどのＩＢＭ社員は、自分の仕事を守るために、また会社を救うためならば、何でもする覚悟がありました。自分たちのプライドがかかっていたのですから。したがって、ガースナーの課題は、これから進められる変革が正しいことであると、社員たちに納得させることだったのです。

しかし、いったん状況が好転し始めると、新たな危機が訪れました。それは、我々が再び自己満足に陥ってしまうという危険です。財務業績は大幅に改善し、ライバルのそれを上回り始めると、10年近くに及ぶ変革にうんざりした社員たちの口から、こんな言葉が漏れてくるようになりました。

「何をいまさら、前と違うやり方をする必要があるのだろうか。ＣＥＯが変わったとはいえ、これまでの戦略は基本的に磐石である。これ以上変わる必要がどこにあるというのか」。蛇足になりますが、成功企業の経営者は、誰もがこれと同じ問題と格闘しているものです。

こうして取り組むべき課題が変わりました。倒産の危機を突き付けて社員に発破をかけるのではなく、希望と向上心を通じて社員の行動変革を促す必要に迫られたのです。

ですから私は、ＩＢＭが素晴らしい企業として、もう一度返り咲くために、それも以前のＩＢＭのように世界最高の企業になるために、しかるべき環境を整えなければなりません。一方、社員たちには、私と同じ必要性と危機感を持って取り組むことを期待しています。実際、今日のＩＢＭ社員たちはそのような危機感を抱いていると私は信じています。

バリューズジャムの最大の功績は、このことをＩＢＭの全員に、誰一人誤解することのないくらいにはっきりと目に見える形で、明らかにしたことではないでしょうか。

どのようなことが議論──むしろ論争と表現したほうがいいでしょうか──の中心でしたか。

では、我々が何に価値観を置くべきなのか──。実のところ、この点では、驚くほど意見が一致していました。ふたを開けてみると、価値観そのものについて議論されることは少なく、むしろ価値観に従って歩んでいく意思が現在のIBMにあるのか否か、そしてそれが可能なのかに的が絞られました。たとえば、社員たちは組織を再統合する必要性を正しく認識していたようですが、その障害となっているものへの不満──それはもっともなものばかりでした──が噴出したのです。社員たちは口々に大変ストレスのたまる状況を訴えました。たとえば、次のようなことです。

「私はいま、東京であるお客様のためにソフトウェアを試作していますが、ブレードサーバーの環境設定で困っており、オースチンに勤務しているソフトウェアエンジニアにいますぐ来てほしいのです。それなのに、『東京に来て、手伝ってください』と簡単に頼んだりできないのです。まず勘定コードを取得したうえで、私が彼の給料をまかなえなければ、話は進まないのです」

いまのIBMは、自分たちが望むような会社に変えていきたいという強い思いを社員全員が共有しています。我々はこれをてこに変革を推し進めることができるでしょう。もしIBMの全員が虚心坦懐に議論する方法を見つけていなかったなら、ここまでこぎ着けることは、とうていできなかったはずです。

余談になりますが、IBMのように、全世界を網羅し、どこからでもアクセスできるイントラネットが敷かれていることは間違いなく便利ですが、技術がその核心ではありません。我々は、仮にウェブがなくとも、今回のような全社的に対話する方法を見つけていたでしょう（章末「バリューズジャムでの即興劇」を参照）。

バリューズジャムが終わった後、どんなことが起こりましたか。

まず、社員たちから山のように意見が寄せられました。これらについてチームがくまなく分析したところ、彼らのニュアンスや感情を汲み取るためには、提案した価値観の表現を変更すべきことがはっきりしました。そこで、この分析に基づいて、また他の社員からのフィードバックも踏まえて、チームが新しいＩＢＭの価値観を決定したのです。

第１の価値観は、「お客様の成功に全力を尽くす」です。現場の人々にすれば、至極当然のことです。そのレベルを超えて、ＩＢＭの全知全能を結集して、現場は言うまでもなく、研究室やバックオフィスなど、ありとあらゆる部門が、お客様が自分の力だけでは解決できない問題の解決を支援するのです。ですから、この価値観には、よく耳にするような、お客様に惜しみないサービスを提供するといった以上の意味が込められているのです。

お客様の成功とは、単なる「お客様は常に正しい」という標語とは似て非なるものです。この価値観が求めるところは、お客様とのリレーションシップを長期的に維持することです。言い換えれば、取引が成立した後の出来事のほうが、取引が成立する前のそれよりも重視されるのです。

また、たえず成果に焦点が当てられることも意味しています。したがって、雇用契約の中身や給与査定に関する要因に至るまで、お客様の成功と関連しているということでもあります。

第2の価値観は、「私たち、そして世界に価値あるイノベーション」です。IBMが世界に新しい何かをもたらすというトピックについて社員たちが話し合った時、素晴らしい製品を発明し、製造するという既存業務を超えた議論が交わされていました。

すなわち、自分たちの仕事がどれほど人々や社会に影響を及ぼしているのか、また人々の命を救う一助となっているか——たとえばメイヨー・クリニック(注3)に導入した最先端システムを通じて、あるいはテロと戦う政府を支援するために提供したデータ技術によって——について話し合ったのです。

実際、この種のイノベーションのおかげで、IBMには優秀な科学者が集まってくるのです。シリコンバレーで働いたほうが、少なくとも一時的には、羨望を集めるようなモノを開発したり、高額な報酬を手にしたりできるかもしれません。しかしIBMでは、ビジネスと社会に変革を起こす仕事に携わることができます。

また繰り返しになりますが、我々がIBM自体を実験の対象としているところも、優れた科学者たちを引き付ける理由の一つでしょう。IBMは、傲慢と自己満足に陥ってしまった一時期を除き、90年という歴史のほとんどにおいて、仮説を問い、異なるモデルをテストし、限界に挑戦することを愚直に続けてきました。技術であれ、ビジネスであれ、あるいは革新的な人事政策の分野であれ、その姿勢に変わりはありませんでした。そして今回、当社の社員たちは、これらも新製品の開発と同じくらい価値の高いイノベーションであると、あらためて教えてくれたのです。

第3の価値観は、「あらゆる関係における信頼と一人ひとりの責任」です。この言葉にも数々の意味が込められています。面白いことに、この価値観に関するフィードバックは社員同士の関係に集中していました。しかし、この価値観は、会社とサプライヤー、投資家、政府や地域社会など、ステークホルダーとの関係も対象にしています。

我々は3つの価値観の最終版を――その詳細な説明とバリューズジャムに寄せられた社員の投稿の一部を加えて――2003年11月に発表しました。それから10日間のうちに、20万人以上の社員がネットからこの文書をダウンロードしました。すると、瞬く間に意見が殺到し、イントラネット上の投稿に加えて1000通を超えるメールが私宛てに寄せられました。これらの意見の多くが厳しい口調で、これらの理想と現実にギャップが存在すること、また相矛盾するところがあることを訴えていました。なかには読むに耐えない意見も混ざっていました。しかし、いずれもリーダーがすすんで受け入れるべきことでした。つまり、当社の社員たちは会社の未来についてけっして安穏としていないことにほかなりません。実際、社員たちの意見はおしなべて思慮深い内容でした。

何が変わったのか

これらのフィードバックを受けてから、あなたはどのような行動に出たのですか。

これらのフィードバックは、回収した後に優先順位をつけて整理しました。そして全文書をプリントアウトし——これを積み重ねると高さは1メートル近くになりました——自宅に持ち帰り、週末をかけて目を通しました。月曜日の朝、私は経営委員会が開かれる会議室に入ると、これらをテーブルに置いて、こう言いました。「皆さん、ここにあるコメントを一つ残らず読んでみてください。万事がうまくいっているとお考えならば、その考えを改めなければなりません」

誤解がないように申し上げておきますが、これらのメールで寄せられた熱い思いは、否定的なものばかりでなく、前向きなものもたくさんありました。事実、このような意見が寄せられています。「涙があふれてきました。これら3つの価値観が、私が信じて入社した会社を言い表しているのですね。我々はきっとIBMをもう一度素晴らしい会社にできるでしょう。ただし、そのじゃまとなるものが山ほどあるんです」

このようにメールで寄せられた、気取りも飾りもない思いには、本当に心を打つものがありました。さて、フラストレーションとエネルギーを発散させ、社員たちが本当に大事に思っている価値観に希望を抱くように呼びかけたからには、しかるべき策をもって応えなければなりません。

そこで、これら3つの価値観が完成してから数カ月のうちに、現実とのギャップを埋めるための施策を発表しました。その中の一つに「信頼に1億ドルを賭ける」と私が名づけたものがあります。

我々は、オースチンのエンジニアの助けがほしかった東京の社員のような話を、幾度となく耳にしました。これらはいずれも、さまざまなマネジャーの承認を要求する財務管理上の手続きが存在したために、社員たちがお客様のニーズに素早く対応できなかったという典型例です。必要な金額は承認されるのですが、概して時間がかかりすぎました。

そこで、各マネジャーに年間5000ドルまでの自由決済権を与えました。つまり、新規事業の開発やお客様とのリレーションシップの構築に寄与するような状況に対処したり、IBM社員の緊急の要請に応えたりする場合において、何の稟議もなしに支出できるようにしたのです。

お客様との接点を預かる700のチームで、パイロットプログラムを2~3カ月ほど実施したところ、賢明にお金が使われていることがわかりました。わずかな金額でも、各自の裁量の下に潤滑油として利用することで、取引がまとまったり、お客様に喜んでもらえたりしたケースが多数あったのです。そして、この成功をもとに、IBMの第一線を率いる全マネジャー2万2000人に、本プログラムを適用することになりました。

ちょっと計算してみてください。実は、5000ドル×2万2000人というのは大変な金額です。社内には「このプログラムはきっちり管理する必要がある」と考える向きもおそらくいたでしょう。しかし、彼らはCEOではありません。

言うまでもなく財務管理は必要です。それに、この「マネジャーズ・バリュー・ファンド」(このプログラムの正式名)で使われたお金から、もれなく有形の見返りが得られるわけでもないでしょう。

しかし私は、第一線のマネジャーたちに妥当なリスクを負うことを認め、そのための意思決定を委ねることは、時間が経てば必ず報われると信じています。そしてこのプログラムは、我々がIBMの価値観に従って行動するということを強調するものでもあります。

「あらゆる関係における信頼と一人ひとりの責任」——ここで言う関係にはIBMの株主との関係も含

まれます——という価値観から生まれたもう一つの施策として、シニアマネジャーにストックオプションを付与する方法の変更が挙げられます。

まず、多数の社外専門家にこの施策について検討してもらいました。専門家が勧める複雑な計算方法は、外部コンサルタントを常勤で雇い入れるためならば申し分ないが、シニアマネジャーの行動と株主の利益を一致させるシンプルなルールがほしい時にはまったく使えないという結論に至りました。

最終的には、ある単純明快な方法を採用することにしました。すなわち、シニアマネジャーは、株主が投資した金額が少なくとも10％増加した場合にのみ、ストックオプションの恩恵に浴することができるというものです。言い換えると、行使価格はストックオプションの発行日の株価より10％高く設定されるということです。

次のように考えてみてください。ＩＢＭの株価がストックオプションの発行日より１７０億ドル増えなければ、シニアマネジャーたちは一銭たりとも利益にあずかることができないのです。このような抜本的な方法を採用したのは、おそらく大企業で初めてのことではないかと思っていますが、これもまたＩＢＭの価値観から生まれた施策なのです。

もう一つ例を挙げましょう。その内容はけっして驚くようなものではありませんが、当社にすれば革命的なことでした。それはプライシングの見直しです。

多種多様な製品とサービスを組み合わせて、お客様の使い勝手を考えたソリューションパッケージを単一価格で提供することがいかに難しいか、社員たちから再三再四聞かされていました。ＩＢＭは、そのように対応できなかったのです。ブランドごとに独自の損益計算があり、価格を決定する社員は個々のブランドに所属していました。先ほど、ＩＢＭの事業を3次元で表すと、10万ものセルができると申し上げました。従来、複数部門を横断するような入札案件は、当社の財務会計上、個々の製品とサービスに分解し、その担当部門が個々に取引したものとして処理していました。

まったくばかげた話です。当社の優位性とは、ハードウェア、ソフトウェア、サービス、ファイナンシングなど、あらゆる要素を一括提供できる能力にほかなりません。しかし、これらを個々に入札するならば、ストレージはＥＭＣと、サービスはアクセンチュアと、といったように、製品ごとにライバルと直接対決することになります。これでは、ビジネスにテクノロジーをプラスするＩＢＭならではのイノベーションはもちろん、当社の統合戦略の中核は台無しです。

一つ笑える話を、いやがっかりする話でもあるのですが、ご披露しましょう。当社では、シニアマネジャーは少なくともお客様一社——これを「パートナーシップ・アカウント」と呼んでいます——を担当することになっています。前ＣＦＯ（現在はサービス分野の担当役員）のジョン・ジョイスが、担当のお客様にハードウェア、ソフトウェア、サービスをパッケージした契約を企画したのですが、部下から「トータルソリューションに価格はつけられません」と一蹴されてしまったのです。彼はＣＦＯだったのですよ。

そんなこんなで、トータルソリューションに単一価格を設定できる方法を捻出することとなったわけです。

新しい価値観と変革

ビジネス上、大きな前進だったと思えますが、IBMの価値観との関連性はどうですか。また、それとは関係なく、やはり同じ決定を下しましたか。

実を申し上げると、プライシングに関する問題は、経営陣の間で長い間、議論されていたものでした。ですが、手をこまねいていました。しかし、価値観を中心に考えることで、追い風を得て、我々はこの問題に面と向かわざるをえなくなったのです。

ご存じの通り、企業であれ、大学であれ、政府であれ、いかなる組織にも長らく染み付いた慣行や常識といったものがあります。要するに、3つの価値観とバリューズジャムは、これらを打破する変革に大きなはずみをつける触媒となったのです。

IBMの場合、小さな事業部門でも150億ドル、大きな部門では400億ドルの売上げがあります。ですから、各シニアバイスプレジデントは「フォーチュン500」に匹敵する規模の事業の舵取りをしているわけです。彼らは、必ずしも日常的にCEOやタスクフォースから素晴らしいアイデアを求めているわけではありません。とはいえ、第一線で働く社員から、これほどたくさんの声が寄せられた以上、なおざりにするわけにはいきません。たとえば、こんな声が聞こえてきました。

「会社は、『お客様の成功』を大切にすると発表し、その一方で売上増を目指している。しかし、プライシングの問題がいずれにおいても障害になっている」

私の話に耳を傾けないのはかまわないにしても、この訴えにはしかるべき関心を払わなければなりません。そこで、我々は「プライサー」、お客様に入札する際に価格を設定する担当者を呼んで、「皆さんはIBMのために働いています。今後は複数の製品が対象となり、それゆえIBMの複数部門が関係する入札の場合、製品ごとの損益計算書ではなく、会社の損益計算書に基づいて価格を設定してください」と伝えました。

このために、ご想像の通り、シニアマネジャーとの間で骨の折れる会議を何回も開く必要がありました。財務担当者の間では、なぜそのようなプライシングができないのか、激論が交わされました。「プロジェクトの総コストと総売上げを個々のプロフィットセンターに再配分するとなれば、膨大な労力がかかってしまう」という意見が挙がりました。まったくその通りです。一筋縄にはいきません。何しろ、すべてのことを一から確認していかなければならないわけですから。

しかし、この一件ではCFOが私の味方でした。彼自身、この問題で苦い経験を味わっているのですからね。こうして価格体系を変更し、いまでは複数の部門が関わる入札を準備する際でも、お客様とIBMにとって最適な条件を提示できるようになりました。

いまのお話から、ソフトな価値観とハードな財務数値との間で生じる緊張関係について思い起こしました。長期的に見れば、それぞれがぶつかり合うことはないはずにもかかわらず、そこに至る過程では

綱引きが起こる傾向があります。とはいえ、どちらに転ぼうとも、社員が数字を上げなければならないことに変わりはないのですから。

たしかにそうです。営利企業は数字から逃れられません。しかし、価値観は、企業文化とマネジメントシステムにバランスをもたらすものでしょう。もちろん、短期的な取引と長期的な関係とのバランス、そして株主、社員、お客様との利益の間のバランスもです。いずれの場合でも、どこかで何らかの決定を下さなければなりません。価値観の存在は、このような意思決定を、けっしてその場しのぎではなく、企業文化とブランド、さらには組織固有の特性に見合ったものへと導いてくれるのです。

ここで、最大規模のお客様を担当するマネージングディレクターの報酬体系についてお話ししましょう。当社は、彼らの報酬の半分を、単年度ではなく3年間の累積に基づいて計算することを決定しました。一つのプロジェクトや取り組みは1年以上にわたって続く場合もありますが、それが終わった時点でお客様にマネージングディレクターの業績を採点してほしいとお願いし、これによってディレクターのボーナスの大部分が決まるようにしたのです。

つまり、彼らの報酬の大部分は、プロジェクトの収益率——彼らが年間の数字を上げることができたかどうか——と、より長期的な視野から評価された顧客満足度との両面で決定されるということです。これは、一方を犠牲にして、もう一方の得点を上げることはできない仕組みです。

こうしてマネジメントシステムのバランスを保つことで、短期的な財務数値ばかりに注意が払われることのないように努めています。とはいえ、先ほどのご指摘はまさしくその通りで、「要は、左右に同時に進めと言っているようなものではないか」といった声も時々上がってくるのです。この言い分はもっともです。このような議論を交わすべき相手は、組織の最下層の人たちこそ最もふさわしいでしょう。なぜなら、このような意思決定が下され、その影響を直接受けるのは彼らだからです。

そこでは、我々トップがあずかり知らぬ、あるいは知るべきではないやり取りがお客様との間で日々無数に繰り返されています。価値観には、これらすべてにおいて短期的な売上げを追い求める衝動を抑える分銅のような効果が期待できます。そして長期的には、価値観に基づいた企業文化の有無が企業の成敗を決すると私は考えています。

新しい価値観が導入されてから、ちょうど1年経ちました。すでにこれらの価値観から、強い思いと大きな期待が生まれています。今後について、どのような見通しを描いていますか。

我々は、おそらく10～15年はかかるであろう道のりを歩み始めたばかりです。

少しばかり前にアジアを再訪した時のこと。当地のＩＢＭ社員たちとタウンミーティングの形式で、これら３つの価値観について話し合いました。

参加者の３分の２は先の文書に目を通しており、新しい価値観についてきちんと理解していたようです。しかし、残りの３分の１は、その表情から察する限り、３つの価値観など見たことも聞いたこともないようでした。少なくとも、３つの価値観が心に響いていないように感じました。

ですから、我々にはやるべき仕事がまだまだあるわけです。もちろん、全社員に３つの価値観を、格言のように暗記してもらうことだけが課題ではありません。ＩＢＭが宣言した価値と我々の現実とのギャップを埋めるために、やるべきことが山ほどあるのです。それが今後のポイントでしょう。いまのマネジメントチームの全員がすべて、私ほど価値観の推進に熱心なわけではないことは承知しています。もっとも、誰も口では言いませんがね。しかし、瀕死の状態だったＩＢＭを生き抜いてきた強者ばかりですから、あの時代に戻らないようにするためなら、どんなことでもいとわないでしょう。

ＩＢＭが産業界の笑い種になった時、どれほどプライドを傷つけられたことか。それはもう耐えられないほどでした。これらベテラン揃いのマネジメントチームでは、当時のＩＢＭへの逆行を阻止する施策に異論が呈されることなどありません。そして、これらの中で、ＩＢＭの価値観を推進する施策が最も重要なのです。

また、バリューズジャムへの社員たちの反応を見てください。そこには、ＩＢＭを素晴らしい会社に改革したいという切なる思いが間違いなくうかがえます。

ここ数年間で入社してきた人たちの志望動機を考えてみてください。金を稼ぐことが一番ならば、ほかに選択肢はいくらでもあります。では、なぜＩＢＭに入ってきたのでしょう。答えは、世界に違いをもたらす革新的企業の一員になりたい、ということに尽きるのではないでしょうか。ノーベル賞ものの研究を支援し、人々の事業観を変える——。そのような企業の一員として活躍したいのです。

ご存じでしょうか。1950年代にワトソン・ジュニアは米国南部の各州知事に、ＩＢＭは「分離平等」(注4)の法律には従わないという書面を送り付け、その後も雇用機会均等の方針を、それが法制化される何年も前に明文化しています。このような発想が自然に生まれ、その発想に従って真摯にみずからを律する組織は、多くの人々を強烈に魅了するはずだと私は固く信じています。

ＩＢＭの場合、現在の新興企業、もしくは昔の終身雇用の時代のように、いますぐ金持ちになれると、社員たちに約束することは無理でしょう。しかし、信じて取り組むに値する、価値ある何かを提供することは可能です。社員の大半がこれに感動を覚えてくれるのなら、それ以外の社員たちを引っ張っていってくれるはずです。３つの価値観と我々が成し遂げようとしている目標に向かって、社員たちが全力を傾けている限り、私は夜も不安なく、未来を信じて眠りに就けるのです。

IBMの価値観：継続性と変化

IBMの新しい価値観は、長い伝統から芽生えたものである。1914年にインターナショナル・ビジネス・マシンズ(注)の初代社長を務めたトーマス・ワトソン・シニアは、「基本的信条」として知られる、次の3原則を打ち出した。

● 個人の尊重
● 最善の顧客サービス
● 完全性の追求

これらの信条は、20世紀におけるＩＢＭの成功を後押ししたドライビングフォースであったことは間違いない。しかし、だんだんと既得権を守ろうとする気持ちと傲慢さが社内にはびこり、これら信条の本質を包み隠し、やがては誤って解釈されるようになった。ＣＥＯのサム・パルミサーノによると、これこそ１９９０年代初頭の市場変化にＩＢＭが対応できず、崩壊寸前にまで至った一因であるという。

ＣＥＯに就任してから1年も経たない２００３年2月、パルミサーノはＩＢＭのシニアマネジャー３００人とのミーティングの中で、ＩＢＭという多種多様な顔を持ち合わせた巨大組織を管理し、再統合する方法として、その価値観を再発見しなければならないと発表した。

そこで彼は、次の「４つのコンセプト」――そのうちの３つはワトソン元会長の基本的信条から採用した――を新しい価値観の基礎として提案したのである。

- 尊重
- お客様
- 完全性
- イノベーション

これらのコンセプトは、１０００人を超えるＩＢＭ社員を対象に実施したサーベイとフォーカスグループの結果であり、言わば市場テストを終えたものだった。

ただし「尊重」という概念は、言外に過去を引きずっているという理由から除外された。また、単に言葉を羅列するに留めることなく、公に宣言したほうが説得力が高いということで合意を得た。

このプロセスから、以下のような3つの価値観の素案が出され、2003年7月のオンラインフォーラム「バリューズジャム」で討議されることとなった。

●お客様に全力を尽くす
●イノベーションを通じた完全性
●誠実さで信頼を勝ち取る

特別仕様の「ジャマライザー」――IBMのe-classifierソフトウェアをベースに、刻々と移り変わる討議内容を処理するように設計されており、かつ追加機能によって補強されている――を利用して、担当チームはバリューズジャム中に投稿された100万語を超える内容を分析した。そこからいくつかのテーマが浮上した。たとえば、各事業部門は周囲を鑑みない自己中心的な思考から社内でつばぜり合いを繰り返しており、これがIBM全体に弊害をもたらしているという意見が多くの社員から寄せられた。複数の社員が「これは信頼に関わる問題」と表現した。その一方で、「誠実さで信頼を勝ち取る」という素案は曖昧すぎると批判された。一部の社員は、「個人の尊重」――創業以来の基本的信条の一つとはいえ、多くがいまや時代遅れの感は否めないと考えていた――の表現を改めたにすぎないという感想を述べた。

また、信頼という概念は、経営陣が社員を信頼するといった社内向けのメッセージとしての意味合いが強く、社員同士、あるいは社外の人たちとの関係についてはややなおざりにしていると考えられた。

以上のような分析と、バリューズジャムの前後に実施されたサーベイの結果、そして全投稿内容のチェックに基づきながら、またパルミサーノからの意見を踏まえたうえで、新しいIBMの価値観の改訂版が完成した。

●お客様の成功に全力を尽くす
●私たち、そして世界に価値あるイノベーション
●あらゆる関係における信頼と一人ひとりの責任

以上の3つの価値観は、2003年11月にIBMのイントラネットで公表された。

【注】
IBMの前身は、コンピューティング・タビュレーティング・レコーディング・カンパニー（C-T-R）である。これは、1896年に統計学者のハーマン・ホレリスが設立した「タビュレーティング・マシン・カンパニー」（国勢調査用の統計機械）、1901年にエドワード・キャンビィとオーレンジ・O・オージアスらが設立した「コンピューティング・スケール・カンパニー」（秤）、そして宝石商ウィラード・ブンディがタイムレコーダーを発明し、これが会社組織に発展した「インターナショナル・タイム・レコーディング・カンパニー」の3社が、金融業者チャールズ・R・フリントの提案によって合併したもの。ワトソン元会長はこのC-T-Rの初代社長である。

サムが議論に割って入る

パルミサーノは、バリューズジャムの開催中、出張先の中国からイントラネットにログインした。以下では、このオンラインフォーラムの中で社員たちから寄せられた数々のトピックにパルミサーノがみずから投稿した内容を一部紹介しよう（誤字もそのまま掲載する）[注]。

もちろん価値観は重要だ！！！！！！（返答数6）

●サミュエル・J・パルミサーノ　2003年7月29日　20：00　GMT

価値観、原則、信条の必要性について有意義な議論だと感じた。この種のトピックになると、皮肉ったり、風刺したりする人が少なくないが、ここでは熟慮ある建設的な意見が交わされていることを高く評価したい。

個人的には「価値観」について議論する際、世界における企業のより広い役割――お客様、社会や文化などとの関係――に加えて、社員同士、どのように協力し合うべきかといった問題も含めるべきだろうと考えている。

今回のジャムによって、21世紀のIBMの使命に関する志が生まれてくることを切に望んでいる。また、IBMがIT企業という存在に留まらず、あらゆる企業の範となるユニークな機会だと思っている。

お客様にとって正しいことをする……（返答数21）

●サミュエル・J・パルミサーノ　2003年7月29日　20：07　GMT

私が入社してほどなく、バルチモアの現場に赴いた時、病院を経営するお客様に納めたシステムが故障した。そのお客様はとにかくマニュアルプロセスに切り替えたが、システムが直らなければ、数時間のうちに患者が減り始めてしまうと訴えてきた。

営業部長はライバルのところに電話をかけて、別のシステムを注文した。そうしてIBM社員が二手に分かれて、隣り合って作業を進めた。一チームはシステムの修復、もう一チームは新しいシステムの導入である。この営業部長は、どうすればよいのか、本社に指示を仰いだりはしなかった。

お客様が困っている時、IBMはどこまでやるのかを理解するうえで、この経験は大きな教訓をくれた。ちなみに、そのお客様のシステムはほどなく復旧した。

誠実さ／信頼はあらゆる関係において重要だ!!!!（返答数44）

●サミュエル・J・パルミサーノ　2003年7月29日　20：12　GMT

大変興味深い議論だ。ブロードキャストの意見にもあったが、一つ気づいたことがある。IBMの成功のカギを握るその他の関係、つまり、お客様、我々が生活する地域社会、企業オーナーの皆さんについて話が及んだ時でも、誠実さと信頼に関する話題があまり上がってこない。それはなぜなのか、誰か意見はないだろうか。我々の意識は内向きすぎるということなのだろうか。

もしIBMが存在しなかったら????（返答数35）

●サミュエル・J・パルミサーノ　2003年7月29日　20：20　GMT

もしIBMが存在しなかったら。そうなれば、あらゆる産業が停止してしまうことだろう。なぜなら、IBM以外に、3分間以上停止することなく稼働し続けるものなど発明できないからだ。IBMがなくなったら、成長企業もなくなってしまう。IBMがなくなったら、経済成長を促進し、あらゆる地域の社会的進歩を尊重する、真のグローバルカンパニーがなくなってしまう。IBMがなくなったら、単に仕事がほしいだけでなく、世界にイノベーションをもたらすことを望む、数十万人もの人たちの働く場所がなくなってしまう。

サムへの提案（返答数9）

●サミュエル・J・パルミサーノ　2003年7月29日　20：25　GMT

スティーブ君の意見は、当社はどうすれば、どのような場合に勝利できるのか、当を得たものだと思う。我々全員が成熟した大人として行動し、IBMのステークホルダー全員すなわち、まずお客様、そして社員、株主のことを考えて、長期的な利益のために正しい行動を実践できるようになれば、いま以上に官僚主義を払拭できるだろう。我々経営陣には、そのような行動を奨励するという重要な役割がある。私も君を応援している。

【注】
原文にはかなりのタイプミスがわざと残してあるが、訳文には反映させていない。また、この章末記事はネット上の書き込みをそのまま収録したため、?と!はそのままとした。

バリューズジャムでの即興劇

ＩＢＭは以前にも、ジャムセッション、つまり幅広いテーマについて、微に入り体系化することなく、社員が談論風発な議論を交わすことを、イントラネットとオフサイトのブレインストーミングセッションで実験したことがある。

２００３年7月に開催された、72時間に及ぶ「バリューズジャム」は、ＩＢＭの本質と未来に焦点を置いた、これまでの中で最も野心的なチャレンジだった。

明らかに言えることが一つあった。それは、このようなフォーラムは、あたかもジャズミュージシャンたちが即興でジャムセッションを見せるがごとく、指揮者などおらず、これを言葉で行うものだ。

パルミサーノいわく「まさに自然に始まり、勝手に進行していった」。ただし、ジャズの即興演奏と同様に、そこで交わされる対話にはあらかじめ課題が決められていた。

［フォーラム1］IBMの価値観

そもそもIBMの価値観なるものが存在するのだろうか。ならば、これらの価値観を決定するうえで不可欠なものとは何か。

今日、ほとんどの企業が何らかの社是や社訓を掲げている。そこに謳われている信念に忠実に従う企業は、傍目にはどのように映り、実際どのように行動しているのだろうか。

そう考えると、IBMにとって、あらゆる行動の原動力となる不変の価値観を定めることは、はたして重要なのだろうか。

［フォーラム2］価値観の原案

IBMが目指すべき姿へと成長するうえで欠かせない価値観とはいかなるものだろうか。次のリストを検討してほしい。

❶お客様に全力を尽くす
❷イノベーションを通じた完全性
❸誠実さで信頼を勝ち取る

これらの価値観は、我々が行動し、意思決定を下す際、どのような影響を及ぼすだろうか。またこのほかにも重要な要素やニュアンスがあるだろうか。

【フォーラム3】IBMの影響力

IBMが今夜この世から姿を消したならば、明日の世界はどのように変わってしまうだろうか。あるいはIBMが世界に向けて、IBMならではの貢献を果たしていることとは何だろうか。

【フォーラム4】黄金律

IBMはどのような時に持てる力を最大限に発揮できるだろうか。IBMの社員として一番誇らしく感じたのはいつだったか。その時、どのようなことが起こり、どのようなところにIBMらしい意義があったか。

そしてこの黄金律をさらに発展させるには、どのような行動が、あるいは改革が必要だろうか。

【注】

(1) IBMの俗称。ブルーはIBMのコーポレートカラー。

(2)「バリュー・ベースト・マネジメント」(VBM：株主価値経営)になぞらえての表現と思われる。

(3) 米国の有名な医療機関。複数の診療科目が全米第1位の評価を受けている。その顧客サービスの詳細については"Clueing in Customers," HBR, February 2003.(邦訳「組織は顧客のためにある」『DIAMONDハーバード・ビジネス・レビュー』2003年7月号)を参照。

(4) 黒人と白人を分離はするが、教育機関や交通機関などの利用は平等とする考え方。

第4章

個から始まるしなやかな組織改善

スタンフォード大学 経営大学院 客員教授
デブラ E. メイヤーソン

"Radical Change, the Quiet Way"
Harvard Business Review, November 2001.
邦訳「個から始まるしなやかな組織改善」
『DIAMONDハーバード・ビジネス・レビュー』2002年3月号

デブラ E. メイヤーソン
(Debra E. Meyerson)
スタンフォード大学経営大学院と同大学工学部で客員教授を務めるほか、シモンズ経営大学院の組織内ジェンダー研究センターでも教鞭を取る。

ボートを揺らしながら自分は水に落ちない方法

マネジャーというものは、いつの時点にか、良心の呵責を感じるようになるものだ。組織内では当たり前とされ暗黙の了解となっている考え方（利害、慣行、価値観など）が、ひどく旧式であったり不公平であったりすることがある。そんな時、マネジャーは、「間違っている」と感じながらも、同時に「何とかしなければならない」という衝動にかられてしまうものだ。

ある企業のバイスプレジデントは、白人以外の社員に対して昇進の機会を増やすべきだと思い続けている。新規に採用したＭＢＡ取得者があまりにも酷使されているため、家族が寂しがっているのではないかと気をもんでいるコンサルティングファームのパートナーもいる。別の会社のシニアマネジャーは、会社があと少し余分にコストを負担するだけで、環境にやさしい会社になれるはずだと考えている。

しかし、このような改善を進めようとする者の前には、概してどうしようもないジレンマが立ちふさがる。あまりにも声高に訴えると、自分が恨みを買うことになる。かといって、周囲の状況に合わせて黙っているだけでは、自責の念が鬱積してしまう。ボートを揺らしながら、自分は水中に落ちないで済む方法などあるのだろうか。筆者の15年間にわたる研究は、このような状況を克服しようと地道に取り組んできた専門職、数百人を対象としたものである。

研究の対象となった人たちは、一人の例外もなく、組織の安定した状態から何らかの意味で外れていた。価値観が異なる、人種や性別が異なる、あるいは性的嗜好が異なる人もいた（**章末**「研究の方法」を参照）。つまり、「規範」とは少しだけ異なる見解を持っていたわけだ。彼らは、大手を振ってまかり通っている社風や価値観に首をかしげつつも、自分の仕事を心から愛し、不断の成功を望み、周囲とは異なった自分の特質を武器に建設的な変化をもたらしたい、と願っていた。

彼らの考えによると、まともに怒りをぶつけても、何の解決にもならない。だからといって、無策のままではフラストレーションが高まるだけである。

「静かなる改革者」は経営トップを助ける

「それではいけない」と、いまのやり方に穏やかに異を唱え、社風に変化が起こるよう静かに働きかけるべきだ。筆者は、この種の改善を促す人材を「静かなる改革者」(tempered radicals) と呼ぶ。大いなる改善を、沈着冷静に進めようと努めるからである。

こうした変化の途上にあって、組織内で発揮される彼らのリーダーシップは、伝統的に言われてきたリーダーシップよりも局所的だが、普及しやすい。控えめで目立つこともないが、効果に遜色はない。

実際、たとえば伝統に縛られがちな組織に新しい道を歩ませたい、あるいは疎外されがちな社員のポテンシャルを存分に引き出したいなど、社風に何らかの変化をもたらしたいと考える経営トップは、静かなる改革者を探し出してみるとよい。社内のどこかに、ひっそりと隠れているかもしれない。

この種の人材は、会社へのロイヤルティも高く、草の根レベルでの組織改善の名手でもある。したがって、不和の根本的な原因を突き止めたり、異なった視点から物を見たり、ニーズや状況の変化に適応したり、といった場合に経営トップの貴重な助けとなる可能性がある。

さらに、静かなる改革者に、上からのサポートと、わずかでも実験の余地を与えた場合には、エクセレントリーダーになることがある（**章末**「『静かなる改革者』の日常」を参照）。

もっとも、静かなる改革者は、派手な行動をわざと避けているため、そのリーダーシップは目につきにくいかもしれない。

４つのアプローチで組織に変化を起こす

では、組織を動かすマネジャーが、社風に変化を起こすような人材を育てていきたいと思う場合、潜在的なリーダーをどうやって見つけ、どのように伸ばしていけばよいのだろうか。

一つの方法は、静かなる改革者のやり方を尊重し、そこから学び、そっとサポートしてあげることだ。

静かなる改革者は、自分の信念と周囲の環境との折り合いをつける際に、徐々に効果を高めていく段階的なアプローチを取るのが常である。ここでは、便宜的に4段階に分けて説明しよう。

❶波紋を呼ぶ自己表現を行う。
❷言葉の柔術を駆使する。
❸短期・長期の機会を利用する。
❹戦略的な関係を構築する。

①「波紋を呼ぶ自己表現を行う」とは、自分が正しいと思うところに従って行動し、周囲にそれとなく気づかせるという手法で、改善の手段としては最も穏健なものである。

②「言葉の柔術を駆使する」は、周囲の鈍感な言葉や行動に対して、相手の力をうまく利用してやんわりと抑え込む。

③「短期・長期の機会を利用する」は、短期的であるか長期的であるかを問わず改善の可能性をとらえ、引き出し、活用していく。

④「戦略的な関係を構築する」ことができれば、改善をより効果的に推し進めていくことができる。

これら4つの手法には、それぞれ応用の幅があり、発想や機転の余地が十分にある。

たとえば、自己表現は、さりげなくささやくことでもよい。また、民族的多様性に富んだ社員構成を望む場合、会社のくだけたパーティに民族衣装を着て行くのもよいだろう。もっと派手な自己表現もありうる。民族衣装を毎日、オフィスに着て行ってはどうか。

ほかにも、自社の環境対策の強化を願う場合には、一人の上司（もちろん、地位は高ければ高いほどよい）の理解を得て戦略的な関係を築く、という手もあるだろう。あるいは、思い切って社内のイントラネットに意見を公表することで、積極的に多数の賛同者を求めることだってできるだろう。

要するに、静かなる改革者が、時と場合に応じて繰り出していく手法は、濃淡さまざまなスペクトルを成すものなのだ。

ここで、4種類のアプローチを詳細に検討する前に、社風の変化がどのようにして起きるのか、ざっとおさらいしておくことにしよう。

組織はいかにして変化するか

筆者の研究によると、組織改善には、大別して2種類ある。一つは「急進的な行動」による場合、もう一つは「漸進的な適応」による場合である。

急進的な行動による場合は、不連続的・飛躍的な変化が起きる。技術上の一大イノベーションの後に経営トップの号令が下される場合や、重要な資源の増減、規制、法律、競争、政治的な環境の急変などの場合もある。このような時に変化はいっきに進むため、大きな痛みを伴うことも多い。

これに対して、漸進的な適応による変化は、なめらかで段階的なものである。末端から始まるため時間はかかるが、広く永続性のある変化となり混乱も少ない。

社風に変化を起こそうという場合には、漸進的なアプローチのほうが有利であるという説は、すでにあちこちで取り上げられている。

たとえば、HBR誌2001年9月号に掲載された論文“We Don't Need Another Hero”(邦訳「カリスマ型リーダーはもういらない」『DIAMOND・ハーバード・ビジネス・レビュー』2002年2月号)でも、ジョセフ・L・バダラッコ・ジュニアが述べているように、「最も有能なモラルリーダーは、レーダーで探知されない低空を飛び、広く知られないうちに改革を成し遂げて」しまう。

同じく、静かなる改革者は、既存の規範に対して穏やかに粘り強く働きかけながら、ゆっくりと、しかし着実に改善を推し進め、周囲の者が学ぶべき範をみずから示していく。

彼らが引き起こす変化は、じわじわと進んでいくため、よく注意していないと目につかない。だからこそ、うまくいくのである。あたかも水滴のように、取るに足らないものに見える。しかし時間が経つと、いつしか岩をもうがつ力を発揮する。

さまざまな手を駆使して組織を根底から切り崩す

一人の人間がゆっくりと、しかし根底から、組織の様相をすっかり変えてしまった例を見てみよう。

ピーター・グラントは、アフリカ系米国人の上級役員で、米国西海岸のある大手銀行で18もの出世の階段をゆっくりと一歩ずつ登ってきた男である。(注)彼がマネジャーとして入社した当時、白人以外の専門職の数は片手で数えられるほどだった。ピーターはひそかに、息の長い目標を立てた。

女性やマイノリティの社員を増やし、彼らが出世する手助けをしようと心に決めたのだ。支店から地域統括本部へ、そして本社へ。ピーターの30年にわたるキャリアにあって、新人の採用も重要な任務だった。彼は機会あるごとに、優れた資質を持ったマイノリティの採用に努めた。それだけではない。採用者に対して、今後は自分と同じようにすべきだ、と説得していった。女性や有色人種を採用することの重要さと、その志を受け継いでいくべき意義を、新人に懇々と説いていった。

マイノリティの社員が「偏見」に悩むことがあれば、ピーターはいつでも心の支えになるよう努めた。彼らが「辞めてやる」などと口走っても、説得しては翻意させてきた。

「君の気持ちはよくわかる。だけど、もっと広い視野で考え直せないものだろうか。いま君が辞めたら、この会社に変化を起こすことはできない」

身をもって範を示すピーターの熱意は、人々の間に浸透していった。結果的に、何人もが会社に残ることを選び、ほかのマイノリティの採用に努めた。

辞めていった者でさえ、転職した先の会社で、マイノリティを採用する契機をもたらした。ピーターが引退する頃には、優れたマイノリティと女性の社員が、銀行全体で3500人にも達していたという。

ピーターこそ、穏やかかつ影響力に富んだ改革者の模範である。彼は、人種がらみの中傷や嫌みにも長年耐え抜いてきた。昇進も同期よりは遅かったし、やっと昇進しても、彼にはあの仕事は務まらないとか、運よく昇進できただけと言われるのが関の山だった。ピーターは、こう述懐している。

「私は、彼らと何とかうまくやっていくために、休みなく努力してきました。けっして『運』などではありません」

実際、腹の立つことも多かっただろう。いっそのこと、派手にやり合ったほうが気持ちは楽だっただろう。ピーターは、会社のシステムを攻撃したり、大胆なビジョンを掲げたりといった大げさなことは何一つせずに、あの手この手を駆使しながら、組織を底辺から粘り強く切り崩していったのである。

では、その手法について順を追ってご覧に入れよう。

波紋を呼ぶ自己表現を行う

最も穏やかな改善への手法は、周囲の思考にちょっと波紋を投げかけるような自己表現を行うことだ。明らかな抗議行動であろうと、単に自分の価値観を表現する場合であろうと、言葉、服装、オフィスのインテリア、言動などに表れる「波紋を呼ぶ自己表現」は、職場の空気を徐々に変えていく力がある。周囲の者はその表現行動に気づくと、すぐにそれを話題にするものだ。そのうち勇気を得て、同じことをする人も出てくるかもしれない。逸脱行為を話題にする人、真似る人が増えるほどに、社風への影響力も大きくなっていく。

「6時ルール」で生産性を上げる

ジョン・ズィワクの例を紹介しよう。彼は、急成長中のコンピュータ部品メーカーでビジネス開発部のマネジャーを務めている。ジョンは、ビジネススクール出の努力家だった。思い通りの天職に就けたため、出世への早道となれば週80時間労働もいとわないつもりでいた。

仕事を得て数年のうちに結婚したが、妻も忙しい仕事に就いていた。まもなく2人の子どもに恵まれた。ジョンは、家族への責任と職場の責務との板ばさみに苦しむようになった。そこで、家庭と仕事を両立させるために、勤務時間をシフトすることを思い付いた。定時の午後6時に帰れるよう、朝の出社時間を早めたのだ。夕刻以降には、会議の予定をほとんど入れなくなったし、午後6時半から午後9時までは自宅に電話があっても出ないようにした。その結果、温かな家庭生活を持てるようになり、重いストレスからも解放されたおかげで、業績までが上向いていった。

当初、ジョンの勤務時間は周囲から冷たく見られた。とにかく、いつ何時でも連絡がつくというのがやる気を測るバロメーターだ、というのが職場における暗黙の了解だったからだ。上司はこう考えた。「どうやらジョンは、午後6時以降にはオフィスにいたくないようだ。本気で仕事に取り組んでいるのか。みんな残業もいとわず頑張っているというのに、定時でさっさと帰るようなヤツを昇進させるわけにはいかないいな」

しかし、ジョンはノルマを下回ることは一度もなく、上司にとっては手放したくない人材でもあった。そして、徐々に、周囲のほうがジョンの時間に合わせるようになっていった。

午後5時以降には、彼を入れた打ち合わせや会議を控えるようになった。そのうち、ジョンが実行していた「6時ルール」を真似る者が一人、また一人と増えていった。

自宅への電話、特に夕食時の電話は、やむをえない場合に限られるようになった。「6時ルール」は、もちろん公式の規則ではなかったが、ジョンのいる部署では当然の習慣となって定着していった。

それでも同僚の中には、遅くまで残業を続ける者も少なからずいた。しかし、彼らも習慣の変化を尊重し適応していった。

このささやかな改善によって、勤務時間の習慣を改めたことで、部署内の多くが、「日中の生産性は向上し、仕事がてきぱきと進むようになった」ことを実感していた。たとえば、会議は予定時間内に終わるようになったし、勤務時間内の無駄を省こうと務めるようになった。ジョンの上司によると、「新しく生まれた日々の秩序に皆満足し、そのうえ部内の生産性はいささかも落ちなかった」という。

このように、ほんの小さな「波紋を呼ぶ自己表現」が、大きな効果を上げる場合がある。静かなる改革者は、それをよく心得ているのだ。

外科医と女性らしさを両立させる

女医のフランシス・コンリー博士の場合がそのよい例だ。

彼女は、1987年の時点ですでに、スタンフォード大学医学部とパロアルト復員軍人庁病院で、研究者としても神経外科医としてもトップクラスの定評を得ていた。

ただし、女性の外科医は少なく、男っぽい職場だったため、彼女は性差別に抗して女性としてのアイデンティティを保ち、性差別に抗してみずからの尊厳を守るために日々奮闘していた。

やっかいな脳外科手術で何人もの研修医チームに指示を出している最中に、男性の外科医がずかずか入ってきて「お嬢ちゃんはどいてなよ」などと言うことがあったが、それでも必死に自分を抑えなくてはならない。コンリーは、後にこう回想している。

「あのような行為は、チームにおける私の権威と見識を台無しにするばかりか、まったく不当で、危険な行為でさえあります。程度の差こそあれ、そのようなことは日常茶飯事でした」

当時、彼女は不満と怒りを感じてはいたが、女性であることをことさらに主張するつもりはなかった。女性ということで、役職上の不利益を被るのは嫌だったが、その逆もまた嫌だったからだ。そこで、控えめに自分を表現してみることにした。

たとえば、服装である。外科医として着る緑の術衣のほかに、くるぶし丈の白いレースのソックスを履くことにした。女性らしさを小気味よく演出するための小道具だ。短いレースのソックスを履いても、それだけではガンジーのような「不服従のしるし」とは見てもらえないだろう。

彼女がレースのソックスを選んだのは、「神経外科医であることと、女性らしさは両立します」と言っているにすぎない。それでも、鈍感な男性ばかりの外科医の世界では十分なメッセージとなり、博士のちょっとした行動とともに、病院内では大いに話題になった。

看護婦や女性の研修医は、コンリーのやり方を見て感想を述べていた。

「あの先生は、仕事への厳しさではけっして男性の先生にも引けを取りませんし、何に対しても臆せずに立ち向かっていきます」

そして、尊敬を込めてこう続ける。

「それでも一人の女性であるわけですが、先生はそのことを引け目に感じてはいません」

人種的アイデンティティを貫く

エレン・トーマスは、髪型について同じような話をしてくれた。彼女は、技術サービス会社の若きアフリカ系米国人コンサルタントであるが、組織の同調圧力と、自分らしさを阻もうとする規範へのチャレンジ精神との狭間を、いつもうまく切り抜けてきた。社会人になって以来、髪をきれいなコーンロウ(アフリカ系米国人が好む編み込み型ヘアスタイル)にして、自分らしさを表現してきた。エレンの場合、髪型は単なるファッションではなく、人種的アイデンティティの象徴だったのである。

ある時、重要なクライアントへのプレゼンテーションを前に、編み込みをほどいて普通の髪型にするようアドバイスした先輩社員がいた。「そのほうがプロフェッショナルらしく見える」というのだ。

エレンはむっとしたが、何も答えず、ただ無視することにした。プレゼンテーションが終わって相手が契約書にサインすると、エレンは先輩社員を隅に連れて行き、穏やかにこう言った。

「私がどうしてこのような髪型にしているか、知っておいてほしいのです。私はアフリカ系米国人で、この髪型が好きです。いま、ご覧になった通り」、ここでにっこりと笑って、「髪型と仕事の能力とは関係ありません」。

午後6時にきっぱり退社する、レースのソックスを履く、髪をコーンロウにする、こんなことで社風がすぐに変わるだろうか。もちろん、そうはいかない。これらはささやかな行為にすぎない。しかし、波紋を呼ぶ自己表現には、重要な役割が2つある。

第1に、改革者自身が自分の不屈の信念を再確認するよすがとなる。自己確認の効果が期待できる。第2に、それまでとは異なるやり方を見せることで、安定した現状のドアをわずかに押し開けてすき間をつくる。

無言で目立たず少数の人しか気づかないか、声高で目立つ多数の注意を引くものであるかを問わず、この種の行為が積み重なれば、いずれは大きな改善につながるものである。

言葉の柔術を駆使する

柔術をはじめ、格闘技は皆そうだが、自分を襲う相手の力を利用する技で状況が一変する。言葉の柔術の使い手は、不愉快で侮辱的な言葉や行動を逆手に取って変革の好機に変え、周囲の者を啓蒙する。

言葉の柔術での得意技の一つは、相手のレトリックに注意を向けさせることである。

相手の主張を逆手に取る

ある企業の役員、トム・ノヴァクの話を紹介しよう。彼は、大手金融機関のサンフランシスコ支店に勤めており、前々から自分はゲイであることを公言していた。

ある時、上級役員の広いオフィスで会議があり、トムが同僚たちとともにテーブルに着き始めた頃、間近に迫った「ゲイ・フリーダム・デイ」パレードやゲイのライフスタイル全般のことが話題になった。同僚の一人、ジョーがはっきりとこう言った。

「ゲイとして生きることを選ぶ人がいることはわかる。だけど、公衆の面前でわざわざ自慢するようなことかな、僕にはそれがわからないよ」

トムはグサッときた。何も言わず屈辱感に耐えようかとも思ったが、それでは腹の虫が収まらない、恨みが残りそうだった。ジョーの偏見を赤裸々に非難することもできたが、それでは独善的な弁解にも見えかねない。そこで、ジョーの主張を逆手に取って対抗することにした。彼は、穏やかにこう告げた。

「ジョー、君の言いたいことはわかるよ。でも、君だってデスクの上に奥さんの写真をでかでかと飾っているではないか。あれはどうなんだい。ゲイでないのはかまわないけど、君も自分の性的嗜好を自慢する人間の一人なのではないのかい」

ジョーは不意を突かれて、「いやあ、一本取られたな」と降参した。

企業では、資質の豊かな社員やその努力が何となく疎外されてしまうこともあるが、マネジャーは言葉の柔術を使ってこれを防ぐことができる。

次の話は、まさにその好例である。

すきを突いて状況を修正する

ブラッド・ウィリアムズは、ハイテク企業に務めるセールスマネジャーだった。ある日のミーティングで、新しくマーケティングディレクターになったスーが何度も発言を試みているにもかかわらず、ことごとく無視されていることに気がついた。

ブラッドは、状況を修正するタイミングを測って待った。しばらくして、スーの同僚であるジョージが、新規事業の製品を国外で売ることについてスーと同じような懸念を表明した。よく練られた意見だったため、一瞬、話が止まった。そのすきをとらえて、ブラッドが割って入った。

「それは重要な点だね。ジョージがスーの心配を取り上げてくれて嬉しいよ。スー、ジョージの言ったことは君の考えていたことと同じだろう」

ブラッドは、簡単な技で一石三鳥の効果を上げた。

第1に、スーが黙殺されていたこと、そのアイデアが勝手に拝借されたことをそれとなく指摘し、全員にはっきりと示したこと。

第2に、スーの立場を高めて、ミーティングの力関係を変えたこと。

第3に、人の発言を聞く時のルール（まったく守られていなかった）を教えたこと。これ以降、「ミーティングで無視されることはなくなった」とスーは言う。

トムもブラッドも、言葉の柔術を用いるに際し、かなりの自制と「心の知性」を働かせている。目の前の状況をよく見て検討し、相手を傷つけないように事を収めるべく、慎重に間合いを測って対応した。しかも彼らは、底流する問題（性についての偏見、新人の黙殺）を見抜き、非難がましくならないような方法でそっと指摘し、何となく滞留していたガスを抜く。そして、同僚の考え方や行動に、小さいが有意義な変化をもたらしたのである。

短期・長期の機会を利用する

スタンダードナンバーを演奏するうちに、まったく新しい音楽をつくり出してしまうジャズメンのように、静かなる改革者も可能性に対してオープンな、発想豊かな心を持たなければならない。短期的には、思いがけず現れるチャンスをすぐに活かす心構えが必要だし、長期的にはより積極的な態度が必要になる。短期的な心構えを示す例と、長期的な動きの例とを、順に一つずつお目にかけよう。

簡単なところから始める

道端で高額紙幣を拾うように、改善のチャンスは突然現れることもある。

クリス・モーガンのような静かなる改革者なら、よく知っていることだ。ニューヨークのあるコングロマリットの監査部で投資マネジャーを務めるクリスは、ゴミを減らすためなら何でもするという習慣の持ち主だった。たとえば、用紙を節約するために文書はシングルスペース（1ページ約40行）で印字するし、「印刷」キーを押す前に小さなフォントに変えておく。もちろん、用紙は両面を使う。

ある日クリスは、社員食堂のサンドイッチが最初からスタイロフォーム（発泡スチロールの一種）の箱に入っていて、買った人はすぐに箱を捨ててしまうことに気づいた。彼は、食堂の責任者を脇に引っ張って行き、満面に笑みを浮かべてこう切り出した。

「メアリー、今日の七面鳥のサンドイッチ、イタリア風のやつは実においしそうだね。ただ、一つだけ気になることがある。サンドイッチは、頼まれた時だけ箱に入れるようにはできないものかな」

クリスの指摘したこんな小さな改善が、社員食堂に箱代の節約による大きなコスト削減をもたらした。

彼は手順を踏んで、そっとボートを揺らしたわけである。

まず、手近なところから収穫する。簡単に、混乱なくできるところから手をつけるのだ。

次に、食堂の人間を批判するのではなく、相手を自分のアイデアに引き込む（おいしそうなサンドイッチをまずほめたうえで、丁重に提案する）。

それから、食堂にとっての利点を指摘し、提案を実施した後の利益を浮かび上がらせる。

彼がきっかけとなったこの物の見方は、メアリーを経由して食堂の全スタッフにも広がっていった。

そして最終的には、12種類もの無駄な習慣をなくすという、食堂のスタッフの自発的な行動を引き出すことに成功した。

十分に対話を重ね、十分な数の人々を動かせば、いつかは真の改革が起こるものだ。

責任の範囲内で自己流を通す

ある上級幹部、ジェイン・アダムズの例を紹介しよう。彼女は1995年に、怖いものなしで成長を続けるIPO（株式公開）前のテクノロジー企業に招かれ、ソフトウェアの開発部長に就任した。部下は100人ほどで、ほとんどが男性だった。この会社のCEOは典型的なワンマン経営者で、部下に対しても、冷酷なまでに利己的なマネジメントスタイルを期待していた。

ジェインは新しい会社に来て、もちろん成功を収めたいと思ってはいたが、縄張り争いや上に立って命令するやり方はどうしても受け入れられなかった。彼女の得意なスタイルは、もっと協調性を発揮させて権限の委譲を重んじるものだった。

CEOにまともに歯向かって、社風を批判することなどできない、それはジェインにもわかっていたため、責任の取れる範囲内で自分のやり方を通そうと決めた。そして、機会あるごとに部下に権限を与えるようにした。直属の部下には、担当の責任範囲をできる限り広げるよう指示した。独断専行する者が出てくれれば、必ずその上司の前でほめた。先を読み、あえてリスクを冒すこと、部長である自分に異議を申し立てることを、どんどん奨励していった。

会社の経営陣がジェインに、あるプロジェクトでの傑出したプレゼンテーションを求めてきたことがあったが、ジェインはそのプロジェクトに直接携わっている者にその仕事を任せた。

最初、役員たちは怪訝な顔をしていたが、ジェインは担当者で大丈夫だと確約した。こうしてジェインの部下は、経験と実績を重ねていった。ほかの上司の下では、まず積めなかったような経験である。

時々、周囲から、会社の社風とジェインのやり方とは対照的で新鮮だ、生き返ったようだと言われることがあった。そんな時、「ありがとう、気づいてくれて嬉しいわ」と、静かに微笑むのだった。

それから1年も経たないうちに、直属の部下の中にも、リーダーとして協調的なスタイルを取る者が出てくるようになった。ジェインの部署は働きやすいという評判を聞いて、他部署の社員が配置転換を希望するようにもなった。さらに大きな成果として、彼女の部署が「部下鍛錬の場」として有名になり、新人を育てて伸ばすことにかけては社内屈指であるといわれるようになった。

ジェインが部下の中に育て、伸ばしてきた経験、責任感、自信といったものは、ほかでは得られないものだったのである。

クリス・モーガンの場合には、変革のチャンスは短期的で、臨機応変な才覚を要するものだった。ジェイン・アダムズの場合には、もっと長期的で、じっくりと耕していくべきものだった。いずれの場合も、短期・長期の機会を利用することに敏感で、チャンスをとらえ活かし切るという心構えを常に持つことが不可欠である。

戦略的な関係を構築する

ここまでは、静かなる改革者がおおむね一人で行動して変化を起こす場合を見てきた。

では、彼らが味方を得ると何が起こるのか。まず、自分の行動は正当なのだという確信が持てるし、会社の資源やキーマンとも接触できる。技術面や人員のサポート、気持ちの支え、助言も得られるようになるだろう。さらに大きな意義として、一人で行動する場合より素早く、問題を前面に出して論じる権限が得られるだろう。同じように考え、同じように感じる同僚を味方につけることができれば、戦略的な関係が増していく。

問題意識を共有する

実例を挙げよう。ある専門サービス企業の女性管理職グループが、立場を理解してくれる男性グループと協力し合ったケースがある。

この会社の経営陣は、女性コンサルタント要員の定着率が悪いのはなぜか調査するよう、4人の女性管理職グループに命じた。調査の過程で、このグループは、会社の厳しい社風について議論を重ねた。

この会社では、週70時間労働が当たり前で、大半のコンサルタントはほとんど休みなくクライアントを回っている。この厳しいスケジュールから逃れていたのはパートタイムのコンサルタントだけで、その多くは家庭を持つ女性だった。ところが、女性パートタイマーの業績も、フルタイムの社員と同じ基準（労働時間も含む）で評価されていた。パートタイマーの中にも、有能な人材はかなりいたが、勤務時間の基準を満たすことに無理があるために、いずれは会社を辞めてしまう。

女性管理職グループは、この問題を是正するために、「家族と過ごす時間がない」と嘆く複数の男性幹部をまず味方につけた。

彼らもこの問題を認めており、貴重な人材の流出にはこれ以上耐えられないという意見だった。

男性幹部たちは、問題の是正に同意し、評価システムも勤務時間の長短にかかわらず業績の良し悪しを見るものに改められた。

敵対勢力を味方にする

静かなる改革者は、「敵対勢力」などという先入観につまずくことはない。逆に、主流を成している「多数派」こそ、改善を支持してもらううえで極めて重要なことを理解している。

ポール・ウィールガスは、「敵対勢力」を説得して味方につけ、社内に静かな変化を起こしていった。

1991年、クルバジェやビーフィーターなどのブランドで知られる酒類・食品販売会社アライド・ドメックは、ポールを醸造・卸売部門のマーケティング担当として雇い入れた。

英国の醸造会社やパブ経営会社3社の合併によって1961年にできた同社には、官僚的な社風が色濃く残っていた。CEOのトニー・ヘイルズは、社内に劇的な改善が必要だと実感し、ポールの資質と新鮮な物の見方を高く買っていた。そこで、ポールをマーケティングの仕事から外してCEO直属とし、新しく設立した9人から成る研修部を任せることにした。社員から、旧式の思考法を振るい落とし、創造性を高めさせるのが研修部の任務だった。

研修部は、トップのお墨付きを得て、発足後2年間は実績を残した。それでも、眉唾ものだと考えるマネジャーは依然としていた。たとえば、内部監査部の上級幹部であるデイビッドは、社内で無駄な費用がないか検査せよと命じられると、すぐにポールを呼び付けたのである。

ポールの作戦は、デイビッドを敵として見るのではなく、対等の相手、むしろ味方と見ることであった。面談の際に弁解などはいっさいせず、チャンスとばかりに自分のやっている研修プログラムを売り込みにかかった。ポールは、順番に説明していった。

まず、トレーナーが社員と個々に協力して、個人的にはどのような価値観を持っているのかを洗い出した。

次に、社員同士でチームを組ませて、全員が信奉できるようなグループの価値観を新しくつくらせた。そして、個人としての価値観、部署ごとの価値観が全社の価値観と調和するようトレーナーが調整していった。

「デイビッドさん、どのような変化があるか信じられないかもしれませんが、研修を終えた社員は、やる気が目に見えて違ってきます。仕事の意義と目的がはっきりわかるので、働いていて楽しいし、生産性も上がります。病欠の電話は減り、出社時間は早くなり、アイデアのキレもぐっとよくなります」とポールは熱心に語った。

ポールの仕事の価値にデイビッドがいったん納得すると、自然に内部監査部の社員にも研修を受けさせようという話になっていった。

ポールが会社のシステムを怖れなかったこと、自分の仕事の意義を信じていたこと、建設的・協調的な解決を探ったこと、相手を前にして守りの態勢にならなかったこと、監査役を味方につけてしまったこと、こうした要因によってアライド・ドメックにはさらなる変化が生まれた。

そのうちに、ポールとデイビッドがつくり上げた協力関係によって、「内部監査部は社内監視部」というネガティブなイメージは、ポジティブなものに変わっていった。

生まれ変わった監査部は、監視人ではなく仕事のパートナーとして社内から見られるようになったのである。もちろん、デイビッドはポールの仕事を心から応援するようになった。

最初から多数派を敵視しない

多数派を味方につけるには、もう一つ方法がある。これも静かなる改革者の手の内である。現状を打破したいという自分の欲求と、現状の維持を好む組織の本能に挟まれた隘路に陥った時に、どこまでなら押しても大丈夫か正確に測るには、「主流派の助言」が役に立つ。

たとえば、フェミニストが、女性に対する扱いを改めさせたいと思う時に、保守的な共和党支持の男性を味方につければ、政治的に踏み込むべきではない地雷原の存在について警告してくれるだろう。あるいは、中南米系のマネジャーがイントラネットにスペイン語のマニュアルを置きたいという場合にも、英語しかできないオペレーション担当の白人幹部が熱心に賛成してくれるかもしれない。

もちろん、静かなる改革者たる者、誰でも味方にできるわけではないことぐらいわかっているが、さりとて現状を代表する人々を最初から敵視しても意味はないことも承知している。

女性管理職チームの例では、悪いのは不当な評価システムであって、男性の同僚が悪いわけではない。ポールがデイビッドを味方につけたのも、最初から「疑わしい点は相手に有利に解釈する」という余裕ある気持ちで対応したからである。

静かなる改革者はたえず、あらゆる行動の可能性を検討している。「周囲と共同して動くのが有効なのは、どういう条件においてか、どういう問題の時か、どういう状況下でか」あるいは「この関係を自

図表4｜「静かなる改革者」の手法

静かなる改革者の繰り出す手法は、まず左端の「波紋を呼ぶ自己表現を行う」から始まる。これは、一対一で使う小味な手法である。

もう少し、おおっぴらな表現方法は「言葉の柔術を駆使する」で、相手のネガティブな言葉や行動をとらえて改善の好機に変えてしまう。

その次は、「短期・長期の機会を利用する」で、短期的か長期的かを問わず機会を見つけては周囲の者に働きかける。

最後は「戦略的な関係を構築する」で、周囲の者に直接働きかけ協力して大きな変化を引き起こす。一人の人間の行動が周囲で話題になり、多数の人間が関わり合うほど、改善への流れは加速していくのである。

現実には、ここに挙げた手法を順番に使うわけでもなければ、個別に用いる必要もない。それぞれの手法の境界線は、曖昧で重なり合っている。静かなる改革者は、柔軟自在に、状況に応じて熱を込めたり冷静に対処したりする。

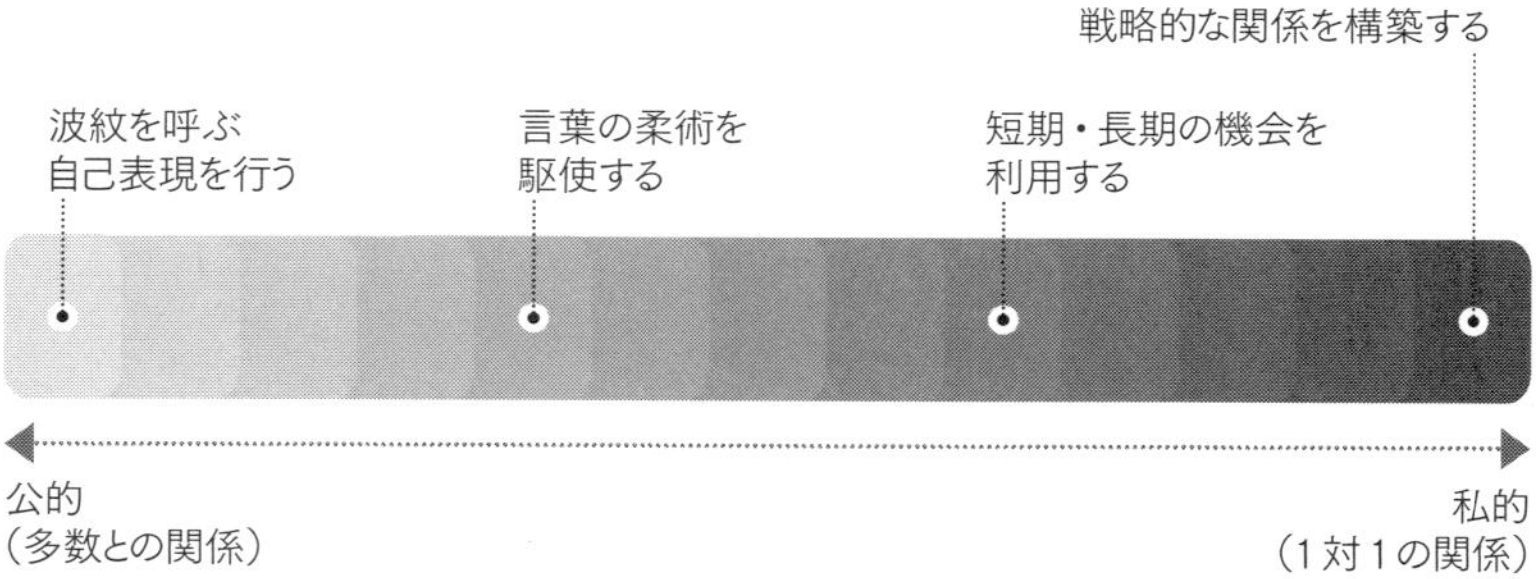

分の目標にうまく活かすには、どうすればよいのか」と。

まずは対話から始める

当然、変化を起こすに当たって唯一正しい方法というものはない。ある状況である相手にうまくいった方法が、別の状況で別の相手に有効とは限らない。本稿で述べてきた例はいずれも、静かなる改革者が穏やかな手法をあれこれと駆使して組織を変えていく姿を示している。

ささやかな目立たない抑制された行動もあれば、目立つ行動もある。周囲の者を味方につけ、対話を生み出すごとに、影響力は広がっていく。企業のトップであっても、漸進的な変化の様相について静かなる改革者から学ぶことは多いだろう。

静かなる改革者は、旗も振らなければ高らかにラッパを鳴らすこともない。その目的は高きにあるが、手段はありふれたものである。目標を見据える目は揺るぎないが、そこに到達する道は臨機応変に選ぶ。行動は小さなものかもしれないが、ウイルスのように広がっていく。

彼らは急速な変化を望みながらも、耐え忍ぶことの尊さを知り抜いている。静かなる改革者は一人で動くことが多いが、いつしか周囲を一つにまとめていく。改善を強硬に連呼するのではなく、まず対話から始める。手強い敵と対決するのではなく、頼れる味方を探す。

そして、一歩後退を強いられても、前進をやめることがない。こうした行動を貫く静かなる改革者は、革命的な変化というものの特質を熟知しているといえる。

改革は、突然起きることもあるが、通常は時間と努力と忍耐の粘り強い積み重ねによって実現するのである。

研究の方法

本稿は、筆者が、シモンズ経営大学院の組織内ジェンダー研究センター教授のモーリーン・スカリーと組んで1996年に開始した、数次にわたる研究をもとにしている。

研究ではまず筆者と同じ職業、つまり学術界の人で、組織内の考え方に何らかの理由で違和感を覚えている人たちを調査対象とした。当初のテーマは、この種の人々が、組織的な順応を求める圧力の中でいかにして自分を守っているか、そしてキャリアに傷をつけることなく、どのように独自の価値観を保っているかを調べることであった。

その後、研究の範囲を広げ、さまざまな企業・職種を対象とすることになった。ビジネスパーソン、医師、看護師、弁護士、建築家、公務員、エンジニアなどで、組織内での地位もまちまちである。

筆者は、多数の「静かなる改革者」に対して観察・面談を行い、そのうち特に綿密な調査を行った相手は1986年からの累計で236人に達した。男性も女性も、ミドルマネジャーもCEOもいる。調査対象の人種、国籍、年齢、宗教、性的嗜好などは極めて多彩であり、抱いている価値観や目指す変革の内容も人それぞれだった。

調査対象の大半は、金融機関、急成長中のコンピュータ部品メーカー、一般消費財メーカーといった3つの上場企業のいずれかに勤める人たちである。研究の後半では、静かなる改革者の直面する問題を知ること、改革者が生き残り、出世の階段を上り、変革を実現していくための長期的戦略を見出すことに重点を置いた。

その結果、明らかになったのが本稿で述べる手法の数々である。

「静かなる改革者」の日常

とりあえず敵だと思わない

静かなる改革者は日々の行動や接触の中で、大切な教訓を伝え、変化を引き起こしていく。その中である種のリーダーシップを発揮する。それは従来のリーダーシップほど目立つものではないが、影響力では劣らない。

こうした控えめなリーダーシップを見出し、伸ばしていくことは、組織の務めである。バリー・コズウェルは大手有名金融機関で証券部門を担当している社内弁護士で、保守的であるが頭は固くない。彼は、組織内の静かなる改革者を探し、守り、昇進させるようにしていた。

ある時、一年生弁護士のダナが、入社初日に証券業界の慣行である指紋押捺を済ませてオフィスにやってきた。彼女は、政治的には中道左派に属する事務弁護士である。

ダナは指紋押捺で不安になっていた。「自分は1960年代の公民権運動に関わって収監されたことがあるが、会社にバレたらどうなるのだろう」と。彼女は、自分の過去と信念について正直に打ち明けるのが唯一の得策だと、すぐさま悟った。

ダナはバリーのことを、政治的傾向は違うが、とりあえず敵だとは思わないことにした。彼女は、バリーのオフィスに入って行き、バスの前に座り込みをして収監されたことを打ち明けた。バリーは笑い出した。

「正直に話してくれて、ありがとう。ただ、とりあえずは証券法さえ守ってくれれば大丈夫だと思うよ」

ダナの小さな秘密を教わったお返しに、バリーは貧しい田舎での生い立ちや軍隊での経験を話してくれた。心の琴線に触れる会話を持った2人は、政治的な立場の違いは違いとして、互いに深い尊敬を払うようになった。

柔軟な認識がリーダーを育てる

バリーはダナの中に、いつか花開くリーダーの資質を見て取った。彼女は、自分の所信に従って行動し、それを包み隠さず、弁解抜きで信念を語れる女性だ。テーブルを叩いたりもせず、話もうまい。聞き上手でもある。だからこそ、バリーの昔話も引き出せたのだ。

バリーは、ダナに一定の保護を与えるようになった。自分の考えを話し、リスクを冒し、特にバリー自身の考えに疑問を投げかけるよう奨励した。たとえばある時、部下の女性弁護士が厳しい評価を受けそうになると、それは不当だとダナが懸命に弁護に回った。

ダナは、同じ弁護士でも男性と女性では評価の基準が違っているという意見だったが、同僚たちは、それは「甘い見方だ」と言って相手にしなかった。その時バリーは、一瞬ダナに目をやってから、一同にこう告げた。

「しばらく様子を見ることにしよう、判断を下すには早すぎるかもしれない」

ミーティングの後で、バリーとダナはダブルスタンダードと根深い偏見について語り合った。そのうち、バリーは社内と外部の法律事務所の両方に対して、マイノリティの弁護士を求める方針を打ち出した。そして、ダナはシニアバイスプレジデントに昇進したのである。

バリーはダナを評価し、指導し、後押ししたが、ここには組織内にリーダーシップを育てようと心を砕く経営者にとっての大きな教訓がある。つまり、リーダーシップの育成は、金のかかる外部の研修プログラムでできるとは限らず、社内の人事部による誠心誠意の努力でもうまくいく保証はない。

むしろ、ボートを揺らす社内のやっかい者こそが有力な船長になりうる、という柔軟な認識から生まれてくるということだ。

【注】

本稿では、人名は仮名を原則とした。例外は、復員軍人庁病院とアライド・ドメックのケースだけである。

第5章

ティッピング・ポイント・リーダーシップ

INSEAD 教授
W. チャン・キム
INSEAD 准教授
レネ・モボルニュ

"Tipping Point Leadership"
Harvard Business Review, April 2003.
邦訳「ティッピング・ポイント・リーダーシップ」
『DIAMONDハーバード・ビジネス・レビュー』2003年12月号

W. チャン・キム
(W. Chan Kim)
INSEAD教授。

レネ・モボルニュ
(Renée Mauborgne)
INSEAD准教授（執筆当時。現教授）。

共著に『ブルー・オーシャン戦略』『ブルー・オーシャン・シフト』『ブルー・オーシャン戦略 論文集』（いずれもダイヤモンド社）。

短期間で構造改革を5回も成功させた男

1994年2月、ウィリアム・ブラットンがニューヨーク市警察本部（NYPD）の本部長に任命された時、多くの人が彼の前途を危ぶんだ。

当時のNYPDは、年間予算20億ドルで3万5000人の人々を抱え、運営が難しいことで有名だった。管轄区域と予算分配は常に内輪もめの種で、警察官の給与は市内の平均値を下回り、昇進は業績とはほぼ無関係に実施されていた。

犯罪率の増加には歯止めがかからず、マスコミは「ニューヨークは『ビッグ・アップル』ならぬ『ロットン・アップル』（腐ったリンゴ）だ」と評した。実際、多くの社会科学者がこのまま犯罪率が増加し続ければ、30年後には犯罪防止という点で警察は無力化し、起こった犯罪に対処するだけになると指摘した。

ところがブラットンは、本部長就任から2年を待たずして、ニューヨークを全米の大都市の中で最も安全な街へと変えてしまった。しかも予算を増額してもらったわけでもない。

彼が在任した1994～96年の間に、凶悪犯罪の発生率は39％減少し、なかでも殺人と強盗はそれぞれ50％、35％に減少した。そしてギャラップ調査によると、警察への住民の信頼は37％から73％に急上昇した。さらに署内の調査によれば、警察官の職務満足度は過去最高レベルに達した。

当然ブラットンの評判はうなぎ登りで、１９９６年には彼の顔写真が『タイム』の表紙を飾った。

一連の流れの中で最も印象深いのは、彼がＮＹＰＤを去った後も改革の効果が持続したことである。これは、警察署内の組織文化・戦略に根本的なシフトが起こったことを意味する。その後もニューヨーク市では犯罪率が低下し続け、２００２年12月に公表された統計によると、全米の25大都市の中で最も低かった。

ＮＹＰＤの立て直しは、一人の本部長にとってそれだけでも満足できる業績だが、ブラットンの場合、これは20年のキャリアの中で達成した５つの成功例の最新版にすぎない。

その後、ロサンゼルスがボストンとニューヨークの成功にあやかろうと、彼を招聘し、現在ブラットンはロサンゼルス市警（ＬＡＰＤ）の改革に取り組んでいる（**図表５－１**「ビル・ブラットンの業績」を参照）。

なぜブラットンは、かくもこう多くの成功を成し遂げられたのだろうか。組織研究者である筆者らは、長年にわたって好業績を実現し、瀕死の組織を甦らせる「何か」の正体について調査を続けてきた。業績が急上昇する背後に共通する要素は何なのか。これを調べるべく、企業はもちろん非営利組織も含め、計１２５件以上のデータを収集した。

筆者らが初めてブラットンに関心を抱いたのは、１９９０年代初期のことである。当時彼は、ニューヨーク市交通警察（ＮＹＴＰ）の変革に取り組んでいた。ブラットンのすごさは、企業経営者たちが異口同音に「業績向上の障害」と訴える４つのハードルを乗り越え、しかも記録的な速さで、各組織の再建を成功させたところにある。

ボストン・メトロポリタン地区警察（通称「メッツ」）	ニューヨーク市交通警察署（NYTP）	ニューヨーク市警察本部（NYPD）
1986〜90年	1990〜92年	1994〜96年
警部	署長	本部長
●近代的設備、方法論、規律に欠けていた。 ●設備は老朽化していた。 ●600人のスタッフにはアカウンタビリティ（説明責任）、規律、士気が欠けていた。	●NYTP管轄の犯罪は、3年間で年間発生率が25％上昇した。市全体の犯罪発生率と比べると、2倍の上昇率だった。 ●市民の地下鉄利用率が大幅に低下した。世論調査によると「地下鉄は街で最も危険な場所」と見なされていた。 ●1日に17万人が無賃乗車し、市は年間8000万ドルの損害を被った。 ●しつこい物乞いや公共物の破壊行為が頻繁に見られ、5000人以上のホームレスが地下鉄構内で生活していた。	●中流階級は住みやすい環境を求めて郊外に移っていた。 ●高い犯罪率を前に、市民の間には諦めが広がっていた。犯罪は社会規範崩壊の一端と見なされていた。 ●警察予算は縮小し続けており、NYPDでも人件費を除く予算の35％が削減された。 ●警官らの士気は低く、給与は周囲と比べ低かった。
●ブラットンはスタッフたちにアカウンタビリティ、プロトコル（手順）、プライドを植え付け、さらに士気を高めた。 ●無気力かつ無為無策、しかも受け身だったメトロポリタン地区警察は、3年間で誇り高く前向きな組織に生まれ変わった。低かった警察官みずからが描く警察官のイメージも、またそれよりさらに低かった一般のそれも改善された。 ＊ブラットンが在任中に獲得した設備：新車100台、ヘリコプター1機、最先端の無線システム	●2年間で凶悪犯罪の発生率が22％低下した。なかでも強盗の発生率は40％低下した。 ●地下鉄への安心感が広がり、利用率は向上した。 ●無賃乗車の件数が半減した。 ＊ブラットンが在任中に獲得した設備：最先端の通信システム、鉄道公安官用の新型拳銃とパトカー（台数は倍増した）	●犯罪全体の発生率は17％低下した。 ●凶悪犯罪の発生率は39％低下した。 ●殺人の発生率は50％低下した。 ●窃盗の発生率は25％低下した（強盗の件数は3分の2に減り、住居侵入窃盗の件数は4分の3に減少した）。 ●1990年と比べると、犯罪被害者の数は20万人減少した。 ●ブラットンの任期が終わる頃には、4年前にはわずか37％だったNYPDへの支持率は、73％へと急上昇していた。

図表**5-1**｜**ビル・ブラットンの業績**

NYPDの改革を成功させたブラットンは、それ以前から20年にわたって警察の方針改革に取り組んできた。彼のチャレンジと業績の中で、主だったものを紹介する。

所轄	ボストン警察第4管区	マサチューセッツ湾岸交通公団（MBTA）
在任期間	1977〜82年	1983〜86年
役職	巡査部長ならびに警部補	警部
改革前	●第4管区には、暴力行為、麻薬取引、売春、公共の場での飲酒、落書きといった犯罪が蔓延していた。 ●強盗、暴行、車両の盗難を恐れた市民の足は、フェンウェイ球場からも、周辺のショッピング街からも遠ざかった。	●地下鉄内の犯罪件数は5年連続で増加した。 ●マスコミはボストンの地下鉄を「恐怖列車」と呼んだ。 ●地元紙『ボストン・グローブ』が連載を組み、MBTAの無能さを取り上げた。
改革後	●フェンウェイ地区全体の犯罪が激減した。 ●地区全体が活気を取り戻し、旅行者と住民が再び訪れるようになり、投資も回復した。	●MBTAが管轄する地域内の犯罪は27%減少し、検挙数は年間600件から1600件に増加した。 ●全米警察認定委員会が定めた800以上の基準を満たし、優秀と認められた。数ある警察の中で13番目にこの快挙を成し遂げた。 ●利用者数が増加した。 ＊ブラットンが在任中に獲得した設備：中型の新車55台、新しい制服、新しいロゴ

「現状に執着した組織」「限られた資源」「スタッフの意欲不足」「既得権益を守ろうとする有力者たちの抵抗」等々――。これらの困難を克服したブラットンから、経営者たちは多くのことを学ぶことができるだろう。

ブラットンの戦略、マネジメント、業績を分析するため、筆者らは仕事上のネットワークのみならず、個人的な人脈を利用し、かつ警察が公開するさまざまな情報を集め、何年もかかって必要なデータを整えた。ブラットン本人も含め、改革のキーパーソンに直接話を聞き、彼の改革を追跡している他の研究者たち、あるいは研究者以外の人たちにも取材した。

その結果、ブラットン改革は、いわゆる「ティッピング・ポイント・リーダーシップ」のまさしく模範であるという結論に至った。

ティッピング・ポイント（臨界点。ティッピングは「傾く」の意）という疫学に由来する用語を用いたこの理論は、すでによく知られているように「ある組織において、信念や内的エネルギーの強い人の数が一定の臨界点を超えると、その瞬間、組織全体に新しい考えが急速に広がり、極めて短期間で抜本的な変化が起こる」という考え方である。

このような現象を起こすには、次のようなファシリテーター（促進者あるいは扇動者）が必要であるといわれる。「人々の心に訴え、しかも議論の余地のない言葉で改革を呼びかけ、いま必要とされるところに資源を傾斜配分し、組織のキーパーソンたちを動かし、声高な反対意見を封じることができる人物」である。そして、ブラットンはというと、いずれの改革でもこれらすべてやってのけている。

ほとんどの経営者の目に、ブラットンが実現した業績の急上昇は夢物語のように映る。ジャック・ウエルチでさえ、ゼネラル・エレクトリックを強大な組織へと育て上げるのに、10余年の歳月と数千万ドルの資金を投入し、構造改革と人材育成にたえず取り組まなければならなかった。

それに、これほどまでの時間と資金に恵まれたCEOは稀であり、改革を始めても、すぐに障害の大きさを実感して断念してしまうのがオチである。比較的緩やかな改革を目指す場合でも結果は変わらない。

ところが、この夢物語を実現した男は現に存在している。筆者らがブラットンに興味を引かれるのは、彼がすべての改革において、極めて一貫した手法で障害を乗り越え、業績を向上させてきたからである。彼の成功は、その個性や人格だけではなく、その手法に秘密がある。言い換えれば、彼のティッピング・ポイント・リーダーシップは模倣が可能であり、習得できる能力なのだ。

本稿では、慣性の法則に逆らってティッピング・ポイントに達したブラットンの成功手法を紹介しよう。

そもそも組織では、抜本的な改革の必要性を構成員に認識させるだけでも大仕事である。では、彼はこの難関をいかに突破したのか。また公共機関につきまとう「資源の限界」という問題をいかに克服したのか。実は、彼は資源の不足までも逆手に取って利用したのである。

また、本来熱意にあふれる人々までもがその意欲を失い、士気が下がった組織を復活させるにはどうしたらよいのか。そして隠然たる力を持ち、改革を転覆させかねない抵抗勢力をいかに黙らせたのか。これらについては、まず**図表5-2**「4つのハードル」で概観されたい。

図表5-2 | 4つのハードル

ビル・ブラットンのようなリーダーは、限りある資源の中で、迅速かつ劇的に改革を実現し、しかもその効果を長く持続させる。

その成功は、4つのハードルを越えて、初めて成し遂げられる。

まず、組織が方向転換し、新しい戦略を考案するには、「意識の改革」と「資源の不足」というハードルを越えなければならない。そして、計画された戦略を速やかに実行するには「意欲の欠如」と「社内政治」というハードルを越えなければならない。

これらのハードルを通過してこそ、組織は戦略の転換を短期間で実現できる。もちろんこれらのハードルは、乗り越え続けてこそ意味がある。というのも、今日のイノベーションは明日の因習になりかねないからだ。

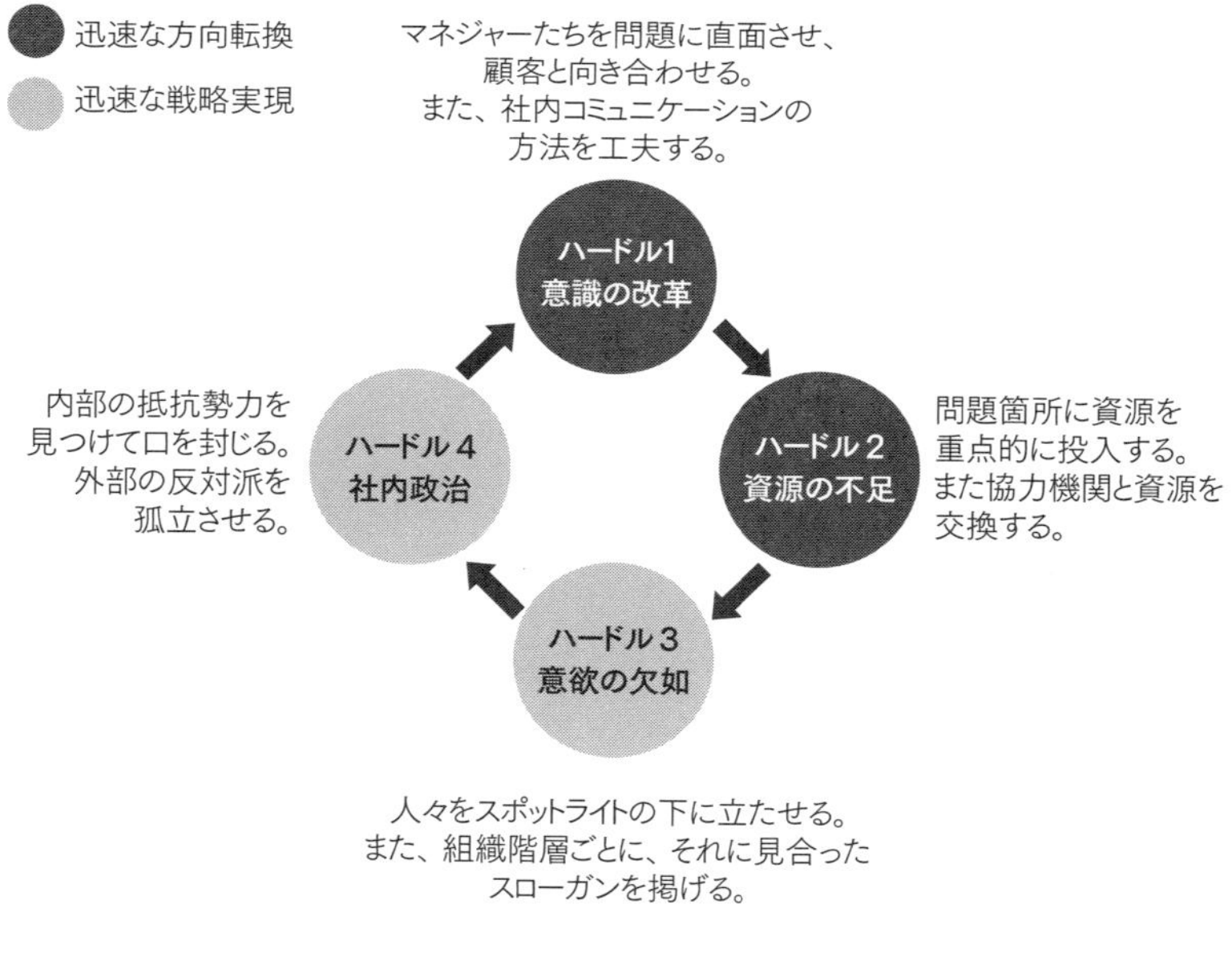

迅速な方向転換
迅速な戦略実現
マネジャーたちを問題に直面させ、顧客と向き合わせる。また、社内コミュニケーションの方法を工夫する。
ハードル1
意識の改革
問題箇所に資源を重点的に投入する。また協力機関と資源を交換する。
ハードル2
資源の不足
ハードル3
意欲の欠如
人々をスポットライトの下に立たせる。また、組織階層ごとに、それに見合ったスローガンを掲げる。
ハードル4
社内政治
内部の抵抗勢力を見つけて口を封じる。外部の反対派を孤立させる。

意識改革のハードルを突破する

再建に取り組む際、その多くの場合、最も困難なのが問題の所在と改革の必要性を人々に認識させ、意見を一つにまとめることである。ところが「業績向上のためには改革が不可欠である」と訴える時、ほとんどのCEOが数字を挙げる。

数字では、人々の心にメッセージは伝わらない。まずラインマネジャーたちの信頼を得なければならないが、彼らにすれば全社的な数字は抽象的かつ現実感が乏しいものである。

好業績の事業部門のマネジャーは悪い数字を聞かされても、それは上層部が解決すべき問題であり、自分たちには関係ないと考え、業績が悪い事業部門のマネジャーは警告を受けたと感じて不安になり、問題解決に取り組むより、再就職先探しに精を出す。

そこで、ブラットンのようなティッピング・ポイント・リーダーは、組織の意識を変えるために数字を挙げたりはしない。彼らは、改革のキーパーソンであるラインマネジャーたちに運営上の問題点と現実を突き付ける。「業績が芳しくない」と伝えるのではなく、実際に目に焼き付けさせるのだ。

要するに、「組織の業績が低迷しているため、何らかの改革は不可避である」というメッセージを人々に浸透させ、意識を喚起するには、このようにコミュニケーションの方法を工夫する必要がある。

1990年4月、ブラットンがNYTPのトップに就任した時、まず気づいたのは、幹部たちが誰一人として地下鉄を利用していないことだった。彼らは通勤や移動には公用車を利用し、地下鉄の悪しき実態を知ることなく平穏無事な日々を過ごしていた。そして「市全体の凶悪犯罪のうち、地下鉄で発生するのはわずか3％だ」という統計結果に満足し、地下鉄利用者の間には安全面の不安が蔓延しているにもかかわらず、ほとんどの幹部が真剣さに欠けていた。

このような一人よがりを粉砕するために、ブラットンは「鉄道公安官は通勤や集会の際、そして夜にも地下鉄を利用すること」という通達を出し、彼自身が率先してこれを実行した。多くの幹部にとって、地下鉄に乗って一般市民と同じ体験をし、部下たちがいつも対処している問題を目にするのは、実に数年ぶりだった。

改札の回転式バーが動かなくなったり、物乞いがしつこく金をせびったりする。若者の一団が改札を飛び越え、プラットフォームの人々を押し退ける。ベンチには酔っ払いやホームレスたちが長々と横になっている。たとえ凶悪犯罪の数はわずかでも、地下鉄内には恐怖と混乱が満ちていた。醜悪な現実を目の当たりにした幹部たちは、それまでの公安活動を見直すことに賛成した。

上司の啓蒙にも、ブラットンは同様の手法を使う。たとえば、マサチューセッツ湾岸交通公団（MBTA）の公安部を指揮していた時のことだ。ボストン地区の地下鉄とバスの運行を管理するこの組織では、巡回車を購入するに当たって、理事会が価格も燃費も安い小型車を選んでいた。

ブラットンはこの決定に真っ向から反対したりはせず、理事長を誘って地域のパトロールに出かけた。彼はこの時、理事会が発注を決めたのと同じ種類の小型車を運転し、さらにシートを前に寄せて、身長180センチ以上の公安官にとって足元がいかに手狭であるかをアピールした。そして道路に陥没を見つけると必ずその上を走った。さらにベルト、手錠、拳銃という治安を預かる者の七つ道具を携えたうえで、空間にゆとりがないことを示した。

この理事長は2時間ほどで、「降ろしてほしい」と根を上げた。そして「よくもこんな車に長時間乗っていられるな。後部座席に犯罪者がいればなおさらだろう」と言ったのである。ブラットンは思惑通り、大型巡回車を手に入れることに成功した。

ブラットンは、警察官と地域住民との関係についても実際に接することの重要性を説く。事実、住民の意見は極めて有用だ。

1970年代後半のことである。シンフォニーホールやクリスチャン・サイエンス・マザー・チャーチなど、文化施設の多いボストンの第4管区では犯罪が急増し始めていた。市民の不安は高まり、家を売り払って引っ越す人たちも現れ、同地域は悪循環に向かっていた。

しかしこの現実は、ボストン警察の統計には表れず、むしろ第4管区の警察官たちは、緊急電話に速やかに応対し、凶悪犯罪の犯人を逮捕し、実によくやっていると思われていた。この矛盾を解消するため、ブラットンは担当部門に、学校や市民会館でタウンミーティングを開くように指示し、巡査部長や刑事が住民の不安などを聞く機会を設けた。

実に明快な趣旨の試みだが、意外にも、それまでボストン警察ではこのような活動が実施されたことはなかった。汚職を避けるため、警察は地域住民と一定の距離を保つというのが常識だったからである。

この試みの欠点はすぐさま表れた。集会は警察の一方的な説明会として始まってしまったのだ。「現在我々が取り組んでいるのはかくかくしかじかで、その理由はこういうわけなのです」といった具合である。しかし、住民に発言の機会が与えられると流れが一変し、警察官と住民では問題意識に大きな隔たりがあることが判明した。

警察官は、強盗や殺人などの凶悪犯罪を解決することに誇りを感じていたが、このような犯罪に危機感を抱いている市民は稀で、むしろ軽犯罪にストレスを感じている人のほうが多かったのだ。通りに立つ売春婦や物乞い。置き捨てられた故障車。道端に転がっている酔っ払いや歩道の汚物等々――。

このタウンミーティングを始めて間もなく、警察では、第4管区の優先事項を徹底的に見直すことにした。その後ブラットンの警察改革において、タウンミーティングは欠かせない要素になった。

また、彼が実行したコミュニケーション戦略も、人々の意識を改革するうえで重要な役割を果たした。それまで署内のコミュニケーションは、主にメモや通知といった文書によるものが通常だった。

しかしこれらの文書は、たいてい目を通されることなく、そもそも警察官たちに時間的余裕や興味がないため、ゴミ箱に直行していた。彼らが幹部たちの意図や考えを知るために利用したのは、もっぱら噂やマスコミだった。

そこでブラットンは、外部のコミュニケーション専門家に助力を求めた。たとえばNYPDの場合、革新的な取材スタイルと粘り強さで名高いテレビ報道記者のジョン・ミラーにコミュニケーション戦略を一任し、彼の提案で、点呼の時にブラットンのビデオメッセージを流すことにした。

その結果、ブラットンは身近な存在となり、信頼も高まり、持論を展開しやすくなった。またミラーは、ジャーナリストならではの専門知識を活かし、NYPDにマスコミへの対応について指導し、インタビューや記事にできるだけブラットンのメッセージが登場するようにした。

資源不足のハードルは迂回する

組織の構成員が改革の必要性を認め、その後の方針について、ある程度意見の一致を見たとしても、早晩ほとんどのリーダーが資源の限界という厳しい現実に直面する。改革を推し進めるだけの資金があるのかどうか、これは大きな問題である。

この時、改革を推進するＣＥＯが選択する道はほぼ真っ二つに分かれる。一つは自分の野心を縮めて、月並みな組織づくりに精を出し始める。その場合、組織の士気は再び低下する。もう一つは銀行や株主から資源を得ようと努力する。しかしこれには時間がかかり、根本的な問題から焦点がずれてしまう危険性もある。

ところが、ブラットンのようなリーダーは資源不足の問題につまずいたりしない。彼らは資源を余分に投入することなく大きな成果を上げ、ティッピング・ポイントに到達する。「どのような方法で」と思われるだろう。

大切なのは、何らかの改革が待ったなしであり、いちばん大きな見返りが期待できるところに、資源を重点的に投入することである。これこそ、さまざまな物議をかもした、ブラットンが提唱した、例の「ゼロ・トレランス・ポリシング」（ささいな犯罪も許さない）の核である。

ブラットンは人々の意識改革に成功すると、次に「既存の方法のどこに問題があるのか」について、人々に客観的かつ正確に見極めさせようと働きかける。彼が数字を持ち出すのはこの時である。彼は数字を巧みに利用しながら、大改革をリードしていく。

たとえば、NYPDの麻薬取締班では次のような具合だった。ブラットンの前任者たちの時代には、麻薬取締班はあまり重要視されていなかった。「警察の一番の仕事は、緊急電話に対応することだ」という考えが支配的だったことがその一因である。その結果、麻薬犯罪を専門に担当する警察官は、NYPD全体のわずか5%にも満たなかった。

しかし、NYPDの部長全員を集めた最初のミーティングで、防犯担当副本部長のジャック・メイプルが、「麻薬使用に起因する犯罪はざっと見積もって全体の何%か」と出席者に尋ねたところ、最も多かった答えは50%で、ほかに70%という意見もあり、最も低い数字でさえ30%だった。

「となると、麻薬取締班の人々が全体の5%以下というのは少なすぎるではないか」とメイプルは指摘した。しかも、麻薬取締班は主に月曜日から金曜日の週5日制で勤務していたが、大量の麻薬取引や麻薬関連犯罪は決まって週末に発生していた。

では、なぜ平日しか働かないのか。「そういう習慣だから」というだけで、これに疑問を抱いた者は皆無だった。しかし、ブラットンが次々と事実を提示すると、「人や資源の配分を大幅に変えるべきだ」という意見はすんなり受け入れられた。

事実を丹念に調べれば、どのように方針を変えれば、資源の必要量を減らせるのかが明らかになる。

ブラットンはこれを、NYTP署長を務めていた時に証明した。彼の前任者たちは、地下鉄内の強盗を防止するにはすべての路線に警察官を配備し、700ある出入口を巡視させる必要があると主張し、人員を増強するための資金を求めて、ロビー活動に奔走していた。

しかしブラットンは、資源を増やせば問題が解決するというものではなく、肝心なのは「狙いを定める」ことだと考えた。そこで部下たちに、地下鉄内のどこで犯罪が起こっているのかを分析させ、犯罪がわずか2~3の駅と路線に集中していることを発見した。つまり、これらを狙い打ちすればより効果的なはずだからである。

また私服警察官の数を増やし、犯罪多発地域に配備した。ほどなく犯罪者たちは、制服警察官が見当たらないからといって、警察官がいないというわけではないことを悟るようになった。

警察官の適正配備という問題を解決したブラットンは、次に逮捕手続きの問題に取り組んだ。当時、逮捕の手続き業務には膨大な時間が費やされていた。彼の分析によると、容疑者を逮捕し、調書を作成・提出するまでに、1人の警察官が16時間を費やさなければならなかった。警察官らは事務手続きの煩わしさにうんざりし、軽犯罪は見逃しがちだった。

ブラットンは、この問題を解決できれば、警察官の取締意欲が高まり、治安活動の資源を飛躍的に増加できると考えた。そこで思い付いたのが、廃棄された中古バスを利用した逮捕手続きセンターという簡易施設だった。中古バスを改装し、巡視の対象となる地下鉄駅の近くに駐車するのである。これによって手続き業務の処理時間は16時間から何と1時間に短縮された。

こうしてブラットンが工夫を凝らした結果、地下鉄内の犯罪は大幅に減少した。しかも勤務する警察官の人数は、どの時間帯においてもまったく変わりなかった。ブラットンが抜本的に資源配分を変更したことは、**図表5-3**「ストラテジー・キャンバス：NYTPのケース」を見れば一目瞭然である。(注)

図表**5-3**｜**ストラテジー・キャンバス：NYTPのケース**

我々が複数の戦略について比較・検討する時、「ストラテジー・キャンバス」と呼ぶツールを用いる。これによって戦略や資源配分の特徴が浮き彫りになる。

ここで紹介するストラテジー・キャンバスは、NYTPの戦略と資源配分について、ビル・ブラットンの就任前とその後を比較したものだ。縦軸は資源の相対的配分量を示し、横軸には資源を投入するさまざまな戦略要素が並ぶ。

ブラットンの就任後に資源配分ががらりと変わり、業績も大幅に向上したが、資源の全体量は以前とほとんど変わっていない。どうすればこのようなことが可能となるのか。

ブラットンは、既存業務のいくつかを簡素化したり、場合によっては事実上撤廃したりした。その一方で、いくつかの仕事をてこ入れしたり、新たな仕事を設けたりした。たとえば、廃棄されたバスを利用した移動型の逮捕手続きセンターもその一つで、これにより容疑者の取り調べにかかる時間が短縮された。

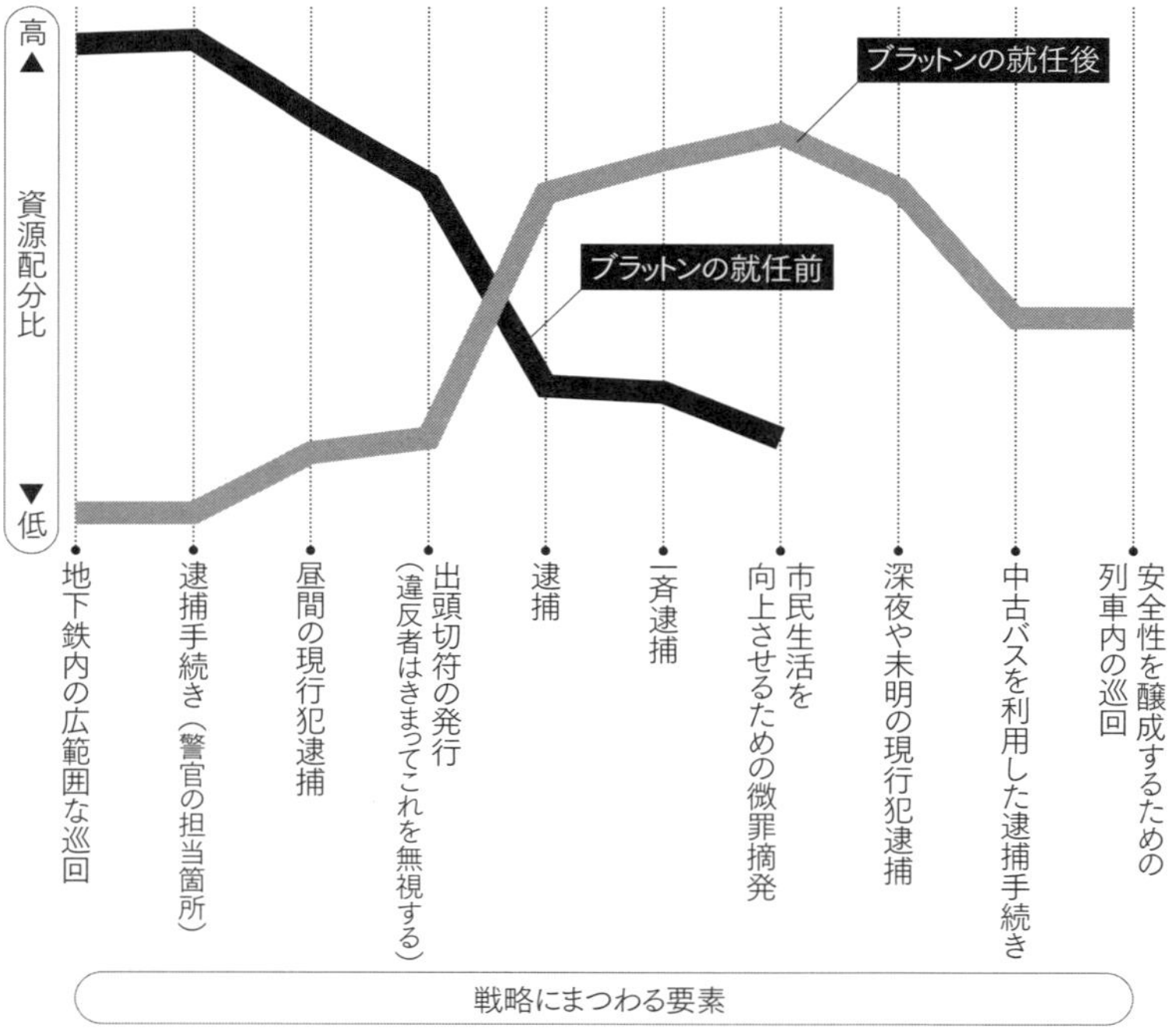

以上ブラットンは、警察の業務においてもデータ重視の解決策を追求した。このような姿勢ゆえに、その後「コンプスタット」という名で知られる防犯データベースが生み出されることにもなった。

このコンプスタットは犯罪多発地域を特定し、取り締まりを強化するためのデータベースで、毎週更新され、いつどこで犯罪が発生し、逮捕などのどのような警察活動が行われたか、都市、区、分署管区レベルで把握できるものである。

このおかげで、ブラットンも警察官たちも、従来の犯罪多発地域はもちろん、新たに台頭してきた犯罪多発地域を把握し、どこに資源を投入すれば最も効果的であるか、すぐに把握できるようになった。

ブラットンは、既存資源の配分に長けていたばかりか、不要な資源を必要な資源と交換する術にも優れていた。

公的組織のトップは概して、余剰資源について公表したがらないものだ。ましてこれらの資源を他に貸し出すなどもってのほかである。なぜなら、資源が余っているとなれば、予算削減されかねないからだ。そのため、長い間には不要な資源ばかりが蓄積され、必要な資源が不足するという事態が招かれる。

ブラットンがＮＹＴＰの署長に就任した時、顧問および政策アドバイザーとして彼を補佐したディーン・エッサーマン（現ロードアイランド州プロビデンス市警察署長）は、交通警察にしては覆面パトカーの数が多すぎ、またオフィスが手狭すぎることに気づいた。一方、仮釈放局では車両が不足しており、オフィスのスペースだけは十分にあった。

そこでエッサーマンとブラットンは交換を申し入れた。仮釈放局はこの申し出を喜んで受け入れ、交通警察も街のど真ん中にあるビルの１階に居を構えることになった。

この取引の後、署内でのブラットンの信用はいっきに高まり、これに勢いを得た彼はさらに抜本的な改革を推し進めた。またこれをきっかけに内外の有力者たちが、彼を「できる男」と見るようになった。

意欲欠如のハードルを飛び越える

ティッピング・ポイントに到達するには、まず人々に改革の必要性を認識させ、次に、持てる資源内で目標達成の方法を見つけなければならない。しかし新しい戦略を大きなうねりへと発展させるには、改革の必要性を認識させるだけでは不十分で、「改革に取り組もう」という意欲を喚起することが欠かせない。

このような意欲の重要性を承知しているCEOは多いが、そのための手法はたいてい間違っている。往々にして、組織全体のインセンティブの仕組みを変えようとする。しかし、広範囲なインセンティブを準備するのはそう簡単ではなく、長い時間と相当の資金を要する。

内外を問わず、組織には例外なく、関係が深い人、説得力の高い人がいる。ブラットンは意欲の欠如という問題を解決するため、これらの影響力に優れた人々を動かすことを考えた。また、資源の利用に関する権限を握っている人の影響力も無視できない。

ブラットンは、彼らはボウリングのキングピンのようなものだと言う。一人が倒れれば、全員が倒れる。全員を動機付けなくとも、大きな影響力を有する人たちだけ動かせば、いずれ全体がついてくる。

いかなる企業でも、このような人物は少数であり、しかも共通の不安や悩みを抱えているものだ。このような人々を見つけ出し、やる気にさせることはそう難しいことではないだろう。

ブラットンの場合、まずやる気を起こさせたい人にスポットライトを当てる。彼がＮＹＰＤで実施したシステム改革の中で最も重要なのが、週2回、幹部のほか76人の分署長を招集した戦略検討会議である。つまり彼は、２００～４００人の警察官を直接指揮する分署長こそＮＹＰＤのキーパーソンであると考えたわけである。

肩章が３つ星の局長、副本部長、一行政区を束ねる幹部も、このミーティングに出席が義務付けられた。ブラットン自身も可能な限り出席した。ミーティングは司令本部の大ホールで開かれ、毎回１人の分署長が、幹部たちの前に呼び出される。ただし、誰が呼び出されるかは2日前までわからず、そのため分署長らはいつも気を張っていた。

その日名前を呼ばれた分署長は、所轄内の実績について、幹部や他の分署長の質問に答えなければならない。プロジェクターで地図やグラフが映写され、管轄地区の犯罪パターン、警察官が事件に対応した時間や場所など、コンプスタットに基づいたデータが提示される。分署が犯罪の増加に応じた活動を起こしていなければ、質問はさらに突っ込んだものになり、また問題が起こった時、警察官たちがどのように対処しているのか、業績が向上あるいは悪化したのはなぜかなど、事細かに尋ねられる。

このミーティングを始めてから、ブラットンら幹部は、分署長が部下たちの意欲を引き出しているか、分署全体がうまく統率されているか、犯罪多発地域が重点的にカバーされているかがわかるようになり、またその取り組みについても正しく評価できるようになった。

この結果、ＮＹＰＤの署内の組織風土もいろいろ変化した。すべての人々に最終責任の所在が明らかになったため、業績志向の文化が芽生えた。何しろミーティングの出席者に毎回配られるプログラムの表紙には、質問攻めにされる予定の分署長の顔写真が掲載される。「管区の最終責任は分署長にある」と嫌でも認識させられる。

ミーティングには他の分署長も出席して発言するため、自分の所轄内で起こった問題を隣の分署のせいにすることもできなくなった。力不足が露呈される分署長もいれば、高い業績を実現したり、他の分署を援助したりして、優秀さを認められる分署長もいた。

またこのミーティングは、分署長らが自身の体験や意見を交換する絶好の場にもなった。ブラットンが就任する以前には、分署長が集まって意見を交換する場など、ほとんどなかった。

このような運営スタイルはやがて組織の隅々にまで浸透し、ブラットンのミーティングを真似て、分署ごとに同様の場が持たれるようになった。ＮＹＰＤの場合、業績に焦点を絞った結果、分署長が部下たちを動員し、新しい戦略の実現に精を出すようになったのである。

このモチベーション・システムで特に重要なのは、当然のことながら、人々がシステムの公明正大さを認め、また彼らが、好ましい結果はもちろん、悪い結果からも教訓を引き出せるようにすることである。すると、組織全体の力が向上し、個々人の成果も向上する可能性が高まる。

ブラットンはシステムの公平性を損なわないために、すべてのキーパーソンを巻き込み、また達成目標を明確に定めた。そして、方針を短期に実現させるには、なぜそのシステム（この場合はミーティング）が必要なのか、その理由を説明した。さらに、このミーティングから教訓が引き出されるよう、幹部たちには積極的に発言することを求め、ブラットン自身も率先してまとめ役を買って出た。

分署長たちは、自身の成功談を自慢話と感じる必要はなく、また失敗談を恥じる必要もない。その場に出席している誰もが、彼らはブラットンら幹部の指示で成功の詳細を語っていると承知している。また聞く側も、恥を忍んで教えを請うという卑屈な態度を取る必要もないため、劣等感が軽減される。

ブラットンは、分署長たちが受ける厳しい尋問をユーモラスに皮肉ったビデオをつくり、喝采を浴びたこともあった。このおかげで、部下の警察官たちは自分たちに課せられた試練の大きさをボスも理解していると知ったのであった。

人々を鼓舞するために、ブラットンは改革のスローガンにも工夫を凝らしている。実はスローガンの設定は、ティッピング・ポイント・リーダーにとって、最も繊細かつ神経を使う仕事の一つといえよう。というのも、人々が「自分もできる」と信じない限り、目標の実現など、とうてい無理だからである。

ところが、NYPDでブラットンが設定した目標は、とても本気とは思われないくらい壮大なものだった。「ニューヨークを全米一安全な街にする」。いったい誰が本気にすることだろう。そんな夢物語のために、時間やエネルギーを割く奇特な警察官がいるだろうか。

そこでブラットンは、末端の警察官たちでも「できそうだ」と思えるような目標を、階層ごとに設定した。「NYPDは、街を一ブロックずつ、一管区ずつ、一行政区ずつ安全にする」と表現したのである。

これは包括的なメッセージともいえるが、実行可能な目標でもある。街に出た警察官たちは巡回区域もしくはブロックの保安だけを考えればよいのだ。分署長は、担当管区の安全だけを守ればよかった。そして一行政区を束ねる局長にも、具体的で分相応の目標が与えられた。「担当する行政区の安全を維持する」ことである。

つまり、どの階層の警察官も、要求が厳しすぎるとか、自分には無理だとは言えないわけである。このように改革を実現するための責任を、ブラットンはみずからの肩から数千の警察官一人ひとりの肩へと移したのだった。

社内政治のハードルを蹴り倒す

民間企業にいても公共機関にいても、組織政治からは逃れられない。ブラットンが苦い経験を通してこの現実に気づいたのは、1980年、34歳でボストン警察の最年少警部補の一人に昇進した時だという。

彼は、「若さと技能は年齢と不実に勝る」という言葉を額に入れ、誇らしげにオフィスに飾った。ところがわずか2～3カ月ほどで、この額を下ろすことになった。組織政治と若気の至りゆえに、閑職に追いやられたからだ。以後彼は、改革を推し進めるには、計画と根回し、そして組織政治が大切であることを思い知り、忘れることはなかった。

組織がティッピング・ポイントに達しても、油断は禁物である。既得権を死守せんとする有力者たちは、進みつつある改革に妨害を加えてくる。我が身に改革が近づけば近づくほど、内外の抵抗勢力は激しく声高に反対を唱える。自分たちの地位を守ろうとする彼らの抵抗は、改革の大きな障害になり、場合によっては転覆させかねない。

このような危険を回避するために、ブラットンは事前に抵抗勢力を特定し、その口を封じ込める。そのためには、まず上層部の内情に通じ、しかも信頼できる人物を運営チームに加えておく必要がある。

たとえばブラットンは、NYPDではジョン・ティモニー（現マイアミ警察本部長）を右腕に選んだ。ティモニーは、警察官の中の警察官であり、NYPDへの深い献身と60回以上の受勲経験から、周囲から尊敬と畏怖の眼差しを向けられていた。しかも、20余年のキャリアゆえに、誰がキーパーソンであるかを把握しており、その手の内にも通じていた。

ティモニーがブラットンの下で最初にした仕事の一つは、ブラットンが掲げたゼロ・トレランス・ポリシングというプランに対する上層部の反応を予測し、この新しい企てを表から、あるいは裏から妨害してきそうな人物を特定して報告することだった。ブラットンが幹部陣を一新できたのは、ティモニーの働きのおかげである。

もちろん反対派は残らず排除するというわけではない。そんなことをすれば人々が不足してバリケードすら築けないだろう。したがってブラットンは、実例や紛れもない事実を提示することで反対意見を抑える。

たとえばミーティングのために詳細な犯罪マップや情報パッケージをまとめるように要求された分署長たちは、ほぼ異口同音に「時間がかかりすぎる。犯罪と戦うべき貴重な時間を割くわけにはいかない」と主張した。

しかしジャック・メイプル副本部長はこの反応を予想し、犯罪最多発地域を対象とする報告システムを事前に用意していた。システムの操作に必要な時間は、1日にわずか18分であり、メイプルによれば分署長における平均業務量の1％にも満たなかった。異論を唱える余地はないだろう。

最も激しい反発は、しばしば組織の外から訪れる。民間企業同様、公的機関でも、戦略を転換すれば他の組織にも影響が及ぶ。関連組織でも競合組織でも、現状に満足し、改革を喜ばない有力者がいれば、当然反発が起こる。そのような場合、ブラットンは他の有力者と広範に同盟を結んだうえで改革を推し進め、反対派を孤立させる。

たとえばNYPDで実施した改革では、最も手強い反対派である街の判事たちを孤立させた。判事たちは、ゼロ・トレランス・ポリシングが導入されれば、軽犯罪に関する裁判の数が大幅に増加し、裁判所がパンクしてしまうと考えたのだ。

ブラットンは、このような裁判所の反対を退けるため、ほかならぬルドルフ・ジュリアーニ市長（当時）に協力を要請した。市長は、地方検察局、裁判所、ライカーズアイランドの市拘置所に大きな影響力を持っている。

ブラットンのチームは、「軽犯罪の摘発は市民生活の質の向上につながり、裁判所にはこれを処理する能力がある」と主張し、「ただし、面白みのない仕事なので、裁判所としては気が進まないだろう」と付け加えた。

ジュリアーニは仲裁に入ることを決め、裁判所に「犯罪を厳しく取り締まれば、一時期的に裁判所は忙しくなるが、それも少しの間で、いずれ裁判所の業務量はむしろ減少する」と請け合った。市長とブラットンは二人三脚で事を進め、裁判所に軽犯罪処理の仕事を引き受けさせた。

しかし裁判所は、ジュリアーニがブラットン側についたのを見て取るや否や、軽犯罪の裁判を免除する法律を制定するように市議会に働きかけた。「裁判所のシステムを停滞させ、市に膨大な負担を強いる」というのがその理由だった。

そこで、毎週集まって戦略を練っていたブラットンと市長は、今度は問題を公開し、マスコミ、なかでも『ニューヨーク・タイムズ』を味方につけようとした。

こうして一連の記者会見、記事、インタビューのおかげで、ゼロ・トレランス・ポリシングの問題は公の議論の的となり、シンプルでわかりやすいメッセージ、すなわち「もし裁判所が軽犯罪撲滅に協力しなければ、市民生活は向上せず、犯罪率も低下しない」が市民たちに伝えられた。いまは金を惜しむ時ではなく、街を救う時なのだと。

市長と主要メディアの協力を得て、ブラットンは裁判所を孤立させることに成功した。裁判所は、公にはほとんど反対意見を述べなかった。何しろニューヨークを住みやすい場所に変え、最終的には犯罪と裁判の数を減らそうという計画なのだから。これに真っ向反対するのは難しいだろう。

一方、ジュリアーニは積極的にメディアに登場し、「軽犯罪を取り締まり、市民生活を向上させよう」と訴え、また街で最もリベラルで信望が厚い『ニューヨーク・タイムズ』がこの方針への支持を表明した。裁判所は、ブラットンと敵対すれば、大きなダメージを被ることになると考えた。

この老獪な戦略によって、ブラットンは最も大きな戦いの一つを制し、結局は裁判所が要請した法案は成立しなかった。裁判所は、市民生活を向上させるために軽犯罪の裁判を請け負うこととなり、実際その後、事は順調に運び、犯罪は激減した。

もちろんブラットンとて、一人の力で成功を収めたわけではなく、その点は他のリーダーと何ら変わらない。NYPDのように現状に依存した巨大組織を改革するには、集団による努力が不可欠である。とはいえ、彼もしくは彼のようなリーダーがいなければ、ティッピング・ポイントに達することはかなわなかっただろう。

＊　＊　＊

すべての経営者が、ブラットンのような個性や人格を備えているわけではない。しかし成功の方程式さえわかれば、彼のように行動できる人物は大勢いるはずだ。本稿で紹介したのは、そのための公式であり、時間にも資源にも不足しているが、何としてでも改革したいと願うならば、ぜひ参考にしていただきたい。

ブラットンのような方法で障害を克服し、ティッピング・ポイントに達することができれば、彼と同じような成果を実現し、ニューヨーク市民ならぬ株主にこれを還元できること請け合いである。

【注】
詳しくは "Charting Your Company's Future," HBR, June 2002.（邦訳「ストラテジー・キャンバスによる戦略再構築」『DIAMONDハーバード・ビジネス・レビュー』2002年9月号）を参照。

第 **6** 章

会社を変えたい人のサバイバルガイド

ハーバード大学 ジョン F. ケネディ・スクール 教授
ロナルド A. ハイフェッツ
ハーバード大学 ジョン F. ケネディ・スクール 教授
マーティ・リンスキー

"A Survival Guide for Leaders"
Harvard Business Review, June 2002.
邦訳「会社を変えたい人のサバイバル・ガイド」
『DIAMONDハーバード・ビジネス・レビュー』2002年9月号

ロナルド A. ハイフェッツ
(Ronald A. Heifetz)
ハーバード大学ジョン F. ケネディ・スクール教授。著書に *Leadership without Easy Answers,* Belknap Press, 1994.（邦訳『リーダーシップとは何か！』産能大学出版部、1996 年）がある。

マーティ・リンスキー
(Marty Linsky)
ハーバード大学ジョン F. ケネディ・スクール教授。

両者の共著に *Leadership on the Line: Staying Alive Through the Dangers of Leading*, Harvard Business School Press, 2002.（邦訳『最前線のリーダーシップ』ファーストプレス、2007 年）があり、本稿はこの著作からの抜粋である。

変革リーダーは理不尽な危険にさらされている

長期にわたって目覚ましい成功を収め、燃え尽きて突然倒れてしまう経営トップは多い。あるいは、それほど地位が高くなくとも、組織改革の音頭を取って突き進み、気づいたら職を失っていたという人は身近にいないだろうか。いやあなた自身でもよい。リーダーシップを発揮したがゆえに、左遷されたり村八分にされたりしたことはないだろうか。

先頭に立つのは危険に身をさらすことである。リーダーシップを発揮するのは心躍らされる、何とも魅力的な行為であり、状況いかんにかかわらず部下がついてくるよう鼓舞する素晴らしい仕事として描かれることが多い。

しかし、このような描写はリーダーシップの陰の部分を無視している。実際には、リーダーをゲームからのけ者にしようという企てが必ず存在するものだ。ただし、それが当然の場合もままある。戦略上の失敗や、たび重なる判断ミスの責任は経営者に帰するものだ。

陰の部分はこれだけではない。本稿で取り上げるのは、よくある社内政治の類ではなく、困難とはいえ変革を断行すべき時に、組織を率いるリーダーが直面するリスクについてである。

このリスクは極めて大きい。なぜなら、ある組織をゼロから変革しようとすれば、それが数十億ドル規模の企業であれ、メンバー10人のチームであれ、愛着のあるもの――習慣、忠誠心、あるいは思考様式――を手放してもらう必要が生じるからだ。しかも、そのような犠牲と引き換えに社員が得られるものは、将来が多少ましにはなるかもしれないといった、あやふやな可能性くらいのものだ。

この種の組織改革を、我々は「適応変革」と呼ぶ。これは「技術変革」とはまったく性質が異なる。技術変革に頭を悩ませるのは、専門職のスタッフくらいであり、対処に苦慮する問題も少なからずあるが、既存のノウハウや問題解決プロセスを適用することで解決可能だ。

適応変革は、そのような解決策では手に負えない。社員全員が思考や行動を改めなければならないからだ。人そのものが問題であり、解決策も人にある（**章末**「コスト削減は『技術変革』、戦略の見直しは『適応変革』」を参照）。

適応変革が技術変革を伴う場合、これは一見簡単そうに見える。しかし、本気で事を進めようとすれば、変革リーダーは、遅かれ早かれ自身にも社員にも根本的な問題に目を向けるよう求めざるをえない。そればかりではない。組織の一部、または全社を覆すような解決策を甘受してもらわなければならない。

危険はここに潜んでいる。このような局面で陣頭指揮を任された人は、おのれが信じる理念と行動に支配されているものだ。このように勇敢なリーダーが迫り来る危険にまったく気づかず、気づいた時には遅きに失する場面を我々は幾度となく目撃してきた。

危険は姿を変えて忍び寄る。改革の趣旨は棚に上げられ、皆の矛先はリーダーの人格や流儀に向けられ、直接攻撃を仕掛けられるかもしれない。挙げ句の果てには、左遷させられたり、せっかくの能力を活かせないような閑職に回されたりするかもしれない。

また、同僚たちに祭り上げられたリーダーが、その支持や友情を失うのが怖くなり、改革に必要な犠牲を要求できなくなるケースもある。上司から手間のかかる仕事を膨大に命じられ、多忙に追いやって目標を達成できなくさせられるといったケースもある。

このような妨害戦術は、意識的にせよ無意識にせよ、リーダーが主導権を握ることで組織の均衡が崩れるのを嫌がる気持ちから生まれている。社員たちはリーダーを窮地に追いやることで、かつての秩序を回復し、慣習を維持し、変革の痛みから逃れようとする。「みんな居心地のよいところから離れたくないのに、リーダーがそのじゃまをする」というわけだ。

どうすればリーダーはその身を守れるのか——。通算50年にわたる教育とコンサルティングの中で、何度となくこのように自問してきた。高い志を持つＡクラスの人材が降板させられるのを嫌というほど目の当たりにしてきたからだ。

時には痛ましいが、事は当人のみに降りかかってくる。我々自身も、リーダーとして指揮を振るっている最中に出世コースから弾き出されたこともあれば、権限を剥奪されたことも一度ならずある。そこで、長年の観察や経験に基づく実践的な対策を伝授したい。主に経営幹部をその対象に念頭に置いているが、変革に携わる人ならば、きっと役に立つはずである。

この「サバイバルガイド」では、まず外的条件、つまり組織や社員に対する戦術をアドバイスする。変革が終わらないうちからリーダーを排除しようとする策略から身を守ることが狙いである。次に内的条件、つまりリーダー自身に必要なことや、リーダーにありがちな弱点に着目する。その狙いは自滅の道をたどるのを防ぐことにある。

敵対的な環境での対処法

大規模な企業変革の場合、複雑に絡み合う人間関係や業務上のつながり、あるいは諸制度を大胆に再編しなければならないケースが多い。これらはいくら無用の長物に見えようと、一種の生活様式として根を下ろしており、この安定状態を壊されると、多くの人は深い喪失感を味わい、希望をなくしてしまう。そして「自分は無力だ」とか、「裏切られた」とか感じるのである。変化に抵抗したり、改革推進者を排除したりするのは無理もない話である。

ここでは、このような外からの脅威を最小限に抑えるテクニックを紹介しよう。どれも単純明快だが、実行するのは意外と難しい。

渦中にありながら傍観者を装う

周囲を見回しながら行動するのは、抵抗を抑えるための必須条件である。軍隊では、どの指揮官も冷静な思考能力を失わないことの重要性を熟知している。戦況がつかめない場合は特にそうである。スポーツの名選手は、プレーしながらコート全体を見渡すことができる。我々はこのようなスキルを「ダンスフロアを離れてバルコニーへ行く」能力と名づけた。一歩下がって、現在、何がどうなっているのかを自問するという意味である。

リーダーシップは即興芸と言ってよい。包括的な構想、明快な価値観、戦略的計画を行動指針に掲げようとも、その時々の行動まで子細に決まっているわけではなく、個々の状況に即応しなければならない。先の例えで言えば、バルコニーとダンスフロアを何度も行ったり来たりする必要があるのだ。しかも、数日、数週間、あるいは数カ月、数年と続く変革の間中である。

今日立てた計画は今日中ならば意味があろう。しかし明日になれば、今日の行動が予期せぬ結果をもたらし、軌道修正を強いられるかもしれない。優れたリーダーシップを継続させるには、何よりもまず、自身と自分の計画に何が起きているのかを見極め、今日の出来事が明日の予定にどう影響するのかを把握する能力が必要である。

ダンスフロアで一心不乱に踊り、周りから押されたり引っ張られたり、あるいは自分が押したり引いたりしているところから、バルコニーへと退くのは実に難しい。たとえダンスフロアから抜け出せたとしても、いくつもの要因のせいで「一歩退いて森を見る」のは容易ではない。

たとえば、距離を置いて物事を眺める際、みずから見聞きしたことについて正しく解釈しなければならないが、これは「言うは易く行うは難し」だ。人は急激な変化を避けようと、本能的かつ無意識に自分の習慣や思考様式を守ろうとする。いろいろな人から意見を聞く場合、このような内面に常に敏感でなければならない。また、自身の行動を第三者の目で観察する必要もある。自分をバルコニーから客観視するのは、最大の難題だろう。

とはいえ、幸いにも渦中にありながら傍観者になることは学習できる。会議中、何が起きているのかをリアルタイムで観察する訓練を積めばよい。たとえ自分が巻き込まれていても、それを習慣付ける。

人と人の関係を見極め、出席者の注意がどこからどこへ、どのように移るのかを把握する。彼らは賛成なのか、裏をかこうとしているのか、誰かの意見に耳を傾けているのか。ボディランゲージにも注意を払うことも必要である。

同時に、何か意見を述べたら、深く座っていた椅子から腰を浮かして自分の発言を弁護しようと身構えたくなる本能を抑えなければならない。そのためのテクニックはいたって簡単だ。発言し終わったら、椅子を少しばかりテーブルから離し、観察者になるために必要な心理的かつ物理的な距離を確保すればよい。

中立派の支持を獲得する

変革の陣頭指揮を担う立場にあると、とかく一人で事を進めたくなる。独自のアイデアや栄誉を他人と分かち合いたいと思う人はそういないだろうし、単純に血沸き肉躍る冒険を一人占めしたいという人もいるだろう。とはいえ、これは愚の骨頂である。

変革のリーダーにはパートナーが必要なのだ。攻撃を防御すべく援護射撃してくれたり、あるいは戦略や計画の致命的欠陥を指摘してくれたりする相棒である。一人よりも仲間がいるほうが、攻撃を受けても持ちこたえられるものだ。

同時に、反対陣営に目を光らせるのを怠ってはならない。反対派が何を考えているのかをつかんでおけば、勝負を効果的に仕掛けるうえでも便利だし、足をすくおうとする企みの裏をかくこともできる。相手のアイデアを拝借して私案に改良することも可能だろう。あなたの失敗を何よりも待ち望んでいる相手と、週に一度はコーヒーを一緒に飲むことをお勧めしたい。

このように味方や敵と関係を維持しておくことも重要だが、成功を左右するのは中立派である。中立派も実は改革案を警戒している。直接利害関係はなくとも、現在の安定や安全、快適さを失うのは御免被りたい。改革推進派の奔走ぶりから、変革が進行すれば現状はかき乱され、先行きが読めなくなることを承知している。そのような漠とした不安がリーダー排斥運動へと発展しないよう、足場はしっかり固めておきたい。

中立派には、リーダーの意思が固いこと――変革するための変化を受け入れられない人には出ていってもらうつもりであること――を知らしめる必要がある。

同時に、必要な犠牲がいかに大きいかは十分認識していることも示さなければならない。改革によって失われるものを具体的に列挙し、伝統ある習慣をあえて変更すること、あるいは会社の核となる価値観を全面的に修正することを認め、社員のみんなにその痛みを引き受けてくれることへの感謝を事前に伝えておく。

おそらく、これらのことはすでに平易な言葉で繰り返し表明していることと思う。しかし、リーダーが痛みを本当に理解していることを伝えるにはもっと具体的な表現が望ましい。たとえば、大恐慌時代にフランクリン・ルーズベルト大統領が行った「炉辺談話」(注)のような形式が考えられる。

率先垂範せよ、責任転嫁するなかれ

さらに一歩進んで、実際の行動で示すことも、リーダーや改革への抵抗を抑える可能性がある。その

ような行動は2種類ある。第一は、人に説くことはまず自分で実行する。つまり「隗《かい》より始めよ」である。

1972年、ジーン・パターソンは『セントピーターズバーグ・タイムズ』紙の編集者として採用された。その使命は、同紙のそこそこの評判をいちだんと高いものへと引き上げることだ。洗練された文体には定評があったが、権威に屈しない痛烈な記事を提供できなければならなかった。

それには、読者の視点のみならず、記者自身について、またその使命についても再考する姿勢が必要だった。いくら優秀な組織や個人であろうと、いつまでもぬるま湯的な評価で済まされるわけがなく、早晩記事の内容について厳しく非難されるのは不可避だったからだ。

着任してから数年後のこと、パターソンはある外国人編集者の自宅で開かれたパーティに出席した帰途、赤信号で停車した際、隣の車をこすってしまった。すぐに警官が飛んできて、パターソンを飲酒運転で逮捕した。さっそく彼は編集主幹に任命されたばかりのベテラン記者ボブ・ハイマンに電話を入れ、自分の逮捕を報道すべきだと主張した。

ハイマンは、そんな必要はないと答えた。飲酒運転でも相手に怪我がなければ、たとえ有名人でもめったに記事にしないものだと言う。しかしパターソンは頑として譲らず、記事を1面に載せるよう言い張った。職場では、まだ何となくよそ者扱いされていたパターソンだが、部下の記者たちにジャーナリストとしての高い規範を守らせるには、身をもって示さなければならないと常々思っていた。たとえそれによってみずからが傷つくとしても。

新聞の1面で恥をさらすのをよしとするリーダーはめったにいない。しかし、他人に期待する行動を自分にも課すこと——たとえば経営困難な時期に給与カットを申し出たり、みずから現場で指揮を執ったりすること——は、変革を骨抜きにしようと目論む一派から一目置かれるための必須条件である。

潜在的反対派を中立化させるための次なる行動は、組織が現時点で抱える問題に関して、自分の責任をはっきり認めることである。上級幹部にせよ、それほどの地位ではないにせよ、組織に所属している者であれば、現状について何らかの責任がある。新任者であっても、その職務範囲に変革を阻害しかねない要素が隠れていないか、見極めておくべきだろう。

我々は教育や研修、コンサルティングを提供する際、リーダーシップを発揮するうえで直面した問題点を発表する、あるいは書き出してみるよう指導している。何千にも上る発表や文章を聞いたり読んだりしてきたが、端から人任せという事例によく遭遇する。「部下がちゃんとやってくれれば、うまく事を進められたのに」的なコメントが何と多いことか。

他人に責任転嫁していたら、標的になるのはリーダー自身である。思い出してほしい。行きたくない場所に行けと命じたのは自分なのだと。それなのに、そのことで部下を責めたら、反乱が起きるのは火を見るより明らかであろう。

1990年代前半、リミテッドの創業者兼CEOレスリー・ウェクスナーは、大幅な人員削減を含む大規模な企業変革の必要性を感じた。ただしコンサルタントによれば、まだほかに改革すべきものがあるという。それは、ウェクスナー自身のイメージに長い間投影されてきたさまざまな社内慣習だった。なかでも、会社を自分の家族のように扱うのはやめるべきであるというのがコンサルタントの意見だった。寛大な父親役を降り、CPO（最高人事責任者）に徹し、適材適所を第一義に、その職務をまっとうしなければならなかった。

「野球選手になるよう育てられた人間が、ある日突然フットボールに転向しろと言われたようなものだった」

最近ハーバード大学ジョン・F・ケネディ・スクールで行ったスピーチで、ウェクスナーはそう回想している。

「自分は野球選手だと答えると、相手はどうしてもフットボールがいいと言い張る。フットボールなんてやったこともないし、身長も体重も足りない。でも、野球をよいと思う人が一人もいなかったら、野球選手の商売はあがったりだ。私は鏡をのぞき込んで言った。『ついてないな。誰も野球を見たくないらしい。フットボールにくら替えだ』と」

寛容な父親という役どころは、社員たちに譲り、まずみずからのイメージチェンジを図ったことは、社員の支持を得るうえで大いに貢献した。また、何としても会社を変えたいという強い意志は、長い過渡期が続いたにもかかわらず、ウェクスナーを攻撃から守り、改革をおおむね成功に導くことにもつながった。

組織内の温度を調節する

揉め事を収めるのは、変革リーダーが直面する最大の難事業の一つである。反対派がいさかいを起こすこともあれば、変革の方法論で意見が対立することもある。抗争が表面化せず、水面下で繰り広げられることも多い。

多くの企業が内紛に神経質になるのは、それが危難の予兆だからである。この考え方にも一理あるが、トラブルは変革に必要な要素でもある。うまく扱えば、推進の原動力に変えることも可能だ。

大変革を成し遂げるには、争いの破壊力をうまくコントロールしながら、そのエネルギーを建設的な方向へと向かわせることがカギとなる。そのテクニックとしては、第1にいくらでも言い争える場を設けること、第2に小競り合いが過熱して火傷に至らないよう、温度調節に気を配ることが挙げられる。

いざこざを沸点まで高め、それをしばらく続けさせる場合、異なる論点から意見を戦わせ、ある程度矛先を鈍らせた後、理想的にはコンセンサスに導くのが望ましい。

ただし、そのような場をどう設定するかは状況を見ながら判断すべきである。じゃまの入らない社外の場所を設定し、外部の進行役を立てて論点の調整に手を貸してもらうのも一策だろう。明快なルールとプロセスを整え、注意を引こうと騒動を起こしたりせずとも「少数派の声にも耳を傾ける」という信頼感を醸成する方法もある。会社の歴史や、苦難の時代に社員を結束させた逸話を分かち合うというのも手だ。いずれにせよ、変革を恐れるあまり生じてしまった軋轢を鎮められる場や手段であればよい。

しかし、そのような場にも限界があり、臨界点を超えればやはり爆発してしまうことを心得ておかなければならない。したがって、社員にかかる負荷を建設的な方向に向かう水準に留めておくことが、リーダーの課題となる。変革が成功するかどうか、あるいはリーダー自身の権限や地位を維持できるかどうかは、組織の許容範囲を見極め、うまく温度調節できるかどうかにかかっている。

いったんは十分に温度を上げ、社員が緊張し、注意を払い、突き付けられた脅威や課題に取り組むように仕向ける。ストレスのないところに変革のインセンティブは存在しない。困難な問題に社員の注意を集中させ、正面から取り組んで解決する責任を負わせ、舞台裏の暗闘を表舞台へと出し、建設的な方向へと向かわせるのだ。

収拾がつかないほどの混乱へと発展した場合は、温度を下げる。変革活動のペースを多少落としてでも熱を冷ましたほうがよい。あるいは、比較的わかりやすく技術的に解決できる問題に取り組ませて、いったん不安を鎮め、厳しい局面への心構えを持たせる作戦も考えられる。

問題解決プロセスの骨組み――特命のワーキンググループを設置する、タイムテーブルを設定する、意思決定のルールを確立する、おおまかな上下関係を決めておくなど――を用意するのもよい。ユーモアを用いたり、一時的に緊張を和らげる目的でコーヒーブレイクやパーティを設けたりするのも悪くない。

社員たちが抱いている不安はもっともであると語りかけること、そしてもっと大切なのは、いまより明るい将来を期待する彼らの希望に訴えることだ。将来像を描き出せば、不安ではなく希望が具体的に示されるため、攻撃の矢面に立たされる危険を小さくすることができる。

以上のような戦術の目的は、社内の温度を社員が変革に取り組む程度に高く保ち、悲劇的な爆発を防げる程度に低く維持することである。この温度範囲を、我々は「建設的な緊張範囲」と呼ぶ。ただし社員の大半は、本能的に温度を下げてほしがっていることを忘れてはならない。とはいえ、そのような不満は、難事業を成し遂げる環境が整ったことの証とも考えられる。

変革時の困難をうまく乗り切った例として、先述のルーズベルト大統領を挙げよう。大統領に就任した1933年当時、大恐慌の深刻化に伴い、国中に混乱と緊張と不安とが渦巻いていた。階級や民族、人種を狙い撃ちしたデマが飛び交い、米国はずたずたに引き裂かれようとしており、国民は不確実な未来におびえていた。

そのような状況でルーズベルトがまず着手したのは、混乱をどうにか我慢できる程度まで抑えることだった。大統領権限をもって断固たる行動を打ち出した。いまや語り草となっているが、最初の100日間でとてつもない数の法案を議会で通過させ、国民に方向性と安心感、国がきちんと舵取りされているとの手応えを感じさせた。

「炉辺談話」では、国民の不安と怒りに誠実に応え、将来の明確なビジョンを描き出した。おかげで目前の危機の重圧もいくらか耐えやすくなり、前進のためならばある程度の痛みもやむをえないと考えるようになった。

しかしルーズベルトは、国が直面している問題をホワイトハウスが解決できるわけではないことも承知していた。国民を鼓舞し、夢を抱かせ、試行錯誤し、ある時は闘い、最終的には痛みを伴う解決策を受け入れてもらわなければならない。それこそ、国を変え、前進するために必要なことだった。そのためにも、興奮と緊迫感を一定水準に維持しなければならない。

彼は創造力あふれるスタッフを政府に大量に登用し、彼らに優先すべき政策やプログラムを論争させる手法を導入した。2つの行政官グループに同じ任務を与え、両者の役割をわざと明確にしないで新しいアイデアを競わせたりしたのだ。ルーズベルトは、国内の緊張感が高くなりすぎた頃合いを察知できる鋭敏さと、批判を甘んじて受け止め、国民の不安が長引くのに耐えるタフな神経を兼ね備えた大統領だったといえよう。

MJなき後のシカゴ・ブルズの混乱

大規模な変革を成功させるには、社員全員に適応してもらう必要がある。リーダーは社員に答えを教えたくなる本能に逆らい、ルーズベルトに倣い、仕事や問題解決の大半を社員に任せなければならない。さもなければ、本当の意味で持続性ある変革は実現しない。個人のレベルで考えても、社員がすべき仕事をいつまでも上司が握っているのは危険である。

有能なエグゼクティブは、社員の問題を手際よく解決して信頼を得て、権威を認められていることだろう。そのような能力はたしかに素晴らしい。ただし、あなた自身の手で解決できない問題が浮上するまでの場合に限る。

一度その種の問題が発生したら、あなたの習慣やプライド、自信といったものはすべて無用の長物と化す。答えはリーダーではなく、当の本人に見つけさせるべきものだからだ。他人のために一肌脱いでも、せいぜいそれはその場を技術的に解決したにすぎず、真の問題がなくなったわけではない。

1994年、NBA（全米バスケットボール協会）のイースタン・カンファレンス準決勝でのシカゴ・ブルズを例に取ろう。ニューヨーク・ニックスを相手に7戦中最初の2試合を落としていた。先のシーズンにマイケル・ジョーダン（通称MJ）が引退したばかりで、ブルズの面々はジョーダンのワンマンチームではないこと、彼がいなくても勝てることを証明しようと躍起になっていた。

第3戦、残り時間が2秒を切ったところで、スコアは102対102の同点だった。ボールを持っているのはブルズである。ブルズはすかさずタイムアウトを取り、最後のシュートの作戦を立てた。コーチのフィル・ジャクソンはスコッティ・ピッペン――ジョーダン引退後のチームの花形選手――に、スローインでトニー・クーコッチにボールを出し、シュートを打たせるよう指示した。

ところがプレー再開という時になって、ジャクソンはピッペンがベンチの端に座ったままでいるのに気づく。ベンチに下がるのか、プレーするのか、と問い詰めると、ピッペンは「下がる」と答えた。最後のシュートを打つのが自分ではないので、すねているらしい。

コート内には選手が4人しかいない。ジャクソンはただちにもう一度タイムアウトを取り、パスの名手ピート・マイヤーズをピッペンの交代で出場させた。マイヤーズは完璧なパスをクーコッチに回し、彼は見事な回転をかけた奇跡的なシュートを決めて勝利をもぎ取った。

ロッカールームに戻ると、ブルズの面々の興奮も次第に冷めていった。ピッペンのとんでもなく反抗的な行動を思い出したためである。ジャクソンはそのシーンをまだ覚えている。静まり返った部屋に入った時、彼はどうするのかまだ決めかねていた。ピッペンを処罰すべきか、謝罪させるべきか。それとも何事もなかったように振る舞うべきか。全員の目がジャクソンに注がれた。ジャクソンはメンバーを見渡し、一人ひとりと目を合わせた後、おもむろに口を切った。

「今日のことは大変残念だった。どうしたらいいか、みんなで考えてほしい」

ジャクソンは、目の前の危機を解決する措置を自分が講じれば、ピッペンの問題がコーチと選手の問題にすり替えられてしまうことに気づいていたのだ。実は、この一件の根っこはもっと深かった。ジョーダンがいなくなったブルズを支えるのは誰か、という問題である。

ジョーダンの後釜という意味ではない。そんな選手は存在しない。圧倒的なスーパースターが一人もいないチームで選手が一丸となれるのか、プレーヤー一人ひとりがチームに貢献しようと思っているのか、である。

それは選手の問題であって、コーチの問題ではない。解決できるのは選手だけだ。大切なのは、選手たちが何を決めたかではなく、ジャクソンではなく選手が決めたという事実である。

温厚なベテラン、ビル・カーライトがミーティングの進行役を務め、この話し合いがチームの結束を深めることとなったとジャクソンは語る。ブルズは最終的にはニックスに敗れたものの、シリーズを第7戦まで持ち込む粘り強さを見せた。

ジャクソンが、ピッペンとジョーダンがいない場合の問題を選手たちに委ねたのには、もう一つ理由がある。彼がこの件の采配を振るったら、彼自身が新たな問題の種となっていただろう。その場でコーチを解任されることはないだろうが、状況次第では、組織内の紛争の責任を一個人が背負うのは危険な行為だからである。

ある一派に不利な決定を下した場合、恨みを買うのはもちろん、その決定によって引き起こされた波紋について、ほぼ全員から責任を問われかねない。たいていの場合、このような混乱を鎮める唯一の策こそ、リーダーの退場である。

にもかかわらず、ほとんどの経営幹部は組織の根本的な問題をみずから解決する誘惑に抗い切れない。社員の側も、経営トップが乗り出して事態を見極め、断固たる態度で問題を解決するものと期待している。そのために高い給料をもらっているのだからと。

そのような期待に応えられれば、称賛に値する、勇気あふれたリーダーだとおだてられる。たしかに、大いに自尊心がくすぐられることだろう。しかし社員の期待にあえて反する行動に出たほうが、よほど勇気やリーダーシップが必要になる。

自滅の道から逃れる

これまで、周囲の人間に対処するための戦術を紹介してきた。リーダーの意気込みをくじこうとする輩に対処するにはとりわけ有効であり、変革を推し進める一助となろう。またリーダーとしての地位を守り、変革を成功させるうえでも役に立つ。我々の観察や苦い個人的経験に照らすと、組織がリーダーを引きずり降ろす最も確実な方法は、リーダー自身に自滅の道を歩ませることだ。

リーダーみずから主導権を握り、事を進めている最中はアドレナリンがどんどん分泌されるせいか、弱点は普通の人間を打ちのめすが、そんなものは自分にはないのだと単純に信じ込み、あたかも不死身の人間のように振る舞いがちである。

とはいえ、リーダーにかかる能力的、肉体的、感情的な重圧は苛酷だ。時々バルコニーに出るだけでなく、自分自身の心の小部屋に立ち戻り、そのような重圧で受けた傷を調べてみなければならない。不死身だという思い込み自体が傷の発見を遅らせ、自滅につながりかねない。それは敵陣営にしても、改革を快く思っていない友人にしても望むところである。誰も負い目を感じなくて済むからだ。

欲望を抑える

人間のごく普通の感情に「欲望」がある。この欲望に囚われると、目的に向けた賢明な行動を見失ってしまう。先天的か後天的かにかかわらず、ある種の性癖や欲望が強すぎるとそれが弱点になることがある。ストレスできつい場面では、そのような傾向が露骨に表れ、欲求がいちだんと増幅されて自己抑制が効かなくなりかねない。よく見られる危険な傾向は、秩序の偏愛と過大な自負心である。

人は誰しもみずからの生活をある程度はみずからコントロールしたいと考えるものだ。ただし、その願望が強すぎる人がいる。おそらく厳格な家庭か並外れて放任主義の家庭のどちらかで育ったのだろう。いずれの環境でも、自分の生活だけでなく、所属する組織の混乱まで収拾する術に長けた人間が育ちやすい。

そのような欲望は弱点になる場合もある。最初のうちは、無秩序に秩序を与える能力が称賛の対象となろう。嵐に直面している組織では、自分が介入して采配を振るう（振るいたい）と申し出れば、天の使いのごとく崇められよう。社内のごたごたを我慢できる程度まで鎮められれば、とりあえず爆発の危機は去ったことになる。

ただし秩序にこだわりすぎると、手段と目的を履き違えることがある。問題解決を促すには、社内の温度をある程度高く保つべきなのに、秩序の維持を目的としてしまうのだ。抜本的改革を実現させるには、やっかいなトレードオフに社員を直面させることが必要なのである。しかしそうなると無秩序が復活しかねず、それをこのタイプの人は毛嫌いする。

一方、このような局面を制圧する能力は、混沌より平穏を好む組織人に好まれる。したがって、秩序を偏愛するリーダーは、やっかい事を避けたがる組織の要望に屈しやすく、ひいては体制派の代弁者となりやすい。目先の地位は安泰かもしれないが、最終的には、しかるべき時に真正面から難題に立ち向かわなかったと非難されるだろう。このような非難はあながち的外れとはいえない。

多くの人は、他人から重んじられたい、認められたいという欲求も持っている。この種の欲望で危険なのは、自分自身や自分の動機を誇大に考えてしまう点だ。自尊心が高じると、自己欺瞞につながりやすい。疑問を持つことの重要性を忘れてしまう時が最も危険である。

なかなか気づきにくい真実も、疑いの目で見ればその一面を察知できる。変革には懐疑的な視点を持ち続けることが大切なのだ。唯我独尊に陥ると、自分の正しさを裏付けてくれるものばかりに目が行ってしまう。これでは道を踏み外し、悲劇へと落ちていくことは間違いない。

過剰な自負心には、もう一つ副作用がある。知らずしらずのうちに自分を頼るよう社員を仕向けてしまうことだ。問題が大きければ大きいほど、解決者への希望と期待は高まる。リーダーに任せてしまえば、社員は変革には無責任でいられる。とはいえ、このような依存心は双方にとってよくない。リーダーのどこかに弱点が見つかると、彼らの依頼心はすぐさま軽蔑に変わってしまう。

コンピュータ業界でよく知られる2つのエピソードを紹介しよう。ディジタル・イクイップメント(DEC)の創業者ケン・オルセンは、自社を従業員12万人規模の――最盛期にはIBMと肩を並べるほどの――大企業に育て上げた。

寛容なオルセンは社員を並外れて厚遇し、創造性、チームワーク、職場の満足度を高めるような人事施策を試みた。加えて業績が何年にもわたって好調だったことから、経営陣は重要な問題についても彼の意見だけを仰ぐようになった。

大方の見たところでは、同社の凋落の端緒となったのは、PC市場への参入を見合わせるというオルセンの意思決定だという。自分のPCを持ちたがる人はめったにいないという彼の意見は、当時としては妥当なものだったが、その意思決定そのものはさしたる問題ではない。人間は誰しも判断を誤る時があるものだ。本当の問題は、オルセンの決断が同僚から批判されない――少なくとも手遅れになるまでは――という依存的な空気を育ててしまったことである。

これとは対照的なのが、数年後にビル・ゲイツが下した判断である。マイクロソフトはインターネットビジネスには参入しないという方針を決定した。しかし、ほどなく彼は宗旨変えし、経営方針を大転換させ、インターネットサービスを事業の中心に据えた。

ゲイツは激変するコンピュータ業界をつぶさに観察し、同僚の声に注意深く耳を傾けた。まさしく「君子、豹変す」である。おかげでプライドが傷つけられることもなく、むしろ機敏な対応で結果として自身の評価を高めることとなった。

プライベートの自分と組織人の自分とを線引きする

改革の荒波を乗り切るには、みずからを落ち着かせ、平静を保つ方法を見出さなければならない。

第1に、安全な港を確保すること。前の日の航程を振り返り、被った精神的ダメージを癒し、心の引き出しを整理し、モラルの羅針盤をリセットする。「母港」は友人宅の食卓のような物理的な場所でもよいし、近所を散歩するといった日常の習慣でもよい。その聖域が何であれ、それを利用し、守ることが大切である。ところが残念なことに、そのような休息時間は往々にして贅沢と見なされ、重圧が高まり、緊急の対応に迫られている時には真っ先に止めるべきこととされている。

第2に、親友を持つこと。指弾されたり裏切られたりする心配なく、本音を打ち明けられる友人を持つことだ。収拾のつかない混乱を議論の俎上に載せ、親友の率直な意見に耳を傾けながら、検討に値するものと単なる感情的ないざこざとを整理していく。この場合、同僚でないほうがよいだろう。親友は、気落ちしている時は励まし、自画自賛を始めたら、現実に引き戻す役目も果たしてくれるはずだ。

ただし、親友と同志を混同してはならない。同志はあなたが進める改革を支持する人だが、親友はひたすらあなた自身を支える人である。信頼する同志に親友の役割を求めてしまうという過ちを犯す人は多い。しかし彼らは、別の重大な問題が新たに発生し、深刻化すれば、忠誠心など立ちどころに消えてしまう。

大切なのは、一個人としての自分と職業人としての役割を区別することだろう。前者は嵐の中で自分をつなぎ止める錨の役目を果たすが、後者はそうでない。両者は混同されやすく、しかも周囲はそれを助長する。

同僚、部下、そして上司でさえ、あなたの演じる役割が本当のあなた自身だと錯覚しがちである。個人の情熱や価値観、才能がいくら誠実かつ見事に職業に活かされていたにしても、それは個人としての自分とは別物である。高い地位を離れた時、自分の電話に前ほど素早い応対がなされなくなったという苦い経験をした人ならば、誰でもそのことを知っている。

このつらい教訓は、もう一つ、つい忘れられがちな重要な事実を教えてくれる。地位の高い人への攻撃は、たいていその地位に伴う任務を攻撃しているのであり、個人を標的にしているわけではないということだ。つまり、仕掛けられた攻撃がどれほど個人的なものでも、まずは自分の仕事が彼らの生活に及ぼした影響の結果であると解釈しなければならない。

何に対する批判なのかを理解できれば、動揺することも自負心を傷つけることもない。というのは、攻撃に悪意を感じてしまうと、むきになって反論したり批判に食ってかかったりして、結果として失脚に追い込まれかねないからだ。

また、批判の中には、正当な反論も含まれていることも忘れてはならない。あなたの問題提起の仕方が少々無神経だったかもしれないし、また改革を性急に進めすぎたのかもしれない。批判の多くは問題に向けられたものであって、個人へのものではない。個人攻撃に見えても、たいていはあなたの主張から感じ取れた脅威を中和しようとしているだけなのだ。

考えてみてほしい。小切手を手渡す時やよいニュースを発表する時に批判する人がいるだろうか。しかし、発言内容が気に入らない時、人はえてして人格や流儀、分別などをあげつらうものだ。個人攻撃されたと感じると、誰でも無意識のうちに自分自身を問題の中心に置いてしまいがちだ。しかしそれは、自分の首を絞める行為の一つである。

大統領候補のゲーリー・ハートとビル・クリントンのそれぞれがスキャンダルを追及された時の対応を見てみたい。ハートは怒って反論し、自分を追いかけ回した記者たちを非難した。防衛本能をむき出しにした個人的な反論は、かえって彼の振る舞いに注意を集める結果となった。

一方、クリントンは全国ネットのテレビに出演して過ちを基本的に認め、世間を騒がせたことを陳謝する。戦略的にその場を乗り切ったおかげで、クリントンは選挙運動の焦点を再び政策論議に引き戻すことに成功した。

両者への攻撃は、どちらも極めて個人的な性格を帯びていたが、そうした攻撃が基本的には自分の地位や役割に対するものだと理解していたのはクリントンだけだった。

もちろん、自分本来の姿と自分の任務とを区別するのは容易ではなく、また個人攻撃と感じられるような攻撃に冷静に対処するのも難しい。警戒している人からの批判であればなおさらである。とはいえ、くれぐれも軽視してはならない。この注意を肝に銘じることができれば、座礁を防ぐ錨の役割を果たしてくれるだろう。精神面でも安定し、社員を難事業に取り組ませることに粘り強く、かつ冷静に集中できるに違いない。

リーダーには喜びが待っている

このサバイバルガイドを読んで、リーダーシップを発揮する努力を冷笑したり無関心になったり、あるいはそのような努力をすっかりやめたりしてしまうとしたら、それは我々が意図するところではない。社員を鼓舞し、創造的な解決に導き、組織をよりよく変革できるとしたら、それは本当に素晴らしいことである。

リーダーシップにおいて一番肝心な点は、望ましくないニュースを伝えるメッセンジャーとなって困難な質問を提起すること、そして社員にメッセンジャーを排斥させることなくメッセージを真剣に受け止めさせることである。そのことがいささかなりとも伝われば嬉しい限りだ。危険を承知していても、なぜ人は挑戦するのか、その理由を記したい。

高い地位を目指す多くの人は、言うまでもなく約束された権力に魅力を感じている。ただしそれだけでは、勝負に挑むだけの報酬としては十分ではない。心の内をよくよく見てみれば、リーダーシップという難事業に挑戦する根底には、他人の生活に何かしら前向きな変化をもたらしたいという願望があるはずである。

社長や副社長が50歳代後半に差しかかると、市場で勝つことに捧げたこれまでのキャリアを、否応なしに振り返ることになる。おそらく目覚ましい成功を重ねてきたのだろうが、それでも諦めた多くのことを考えると、本当に意味のある人生だったのかと悩む人もいるはずだ。

そう、実に多くの場合、自分の足跡が空疎に感じられるのである。そしてこう考える。「会社のやり方にもっと積極的に疑問を呈すべきだったのではないか」「会社のためを思えば、もっと野心的な目標を掲げればよかったのではないか」と。

本稿の大前提は、リーダーシップを発揮しながら、組織に残ることである。それも単に在籍するのではなく、本当の意味で生き残ることだ。

これまで高い地位にいる人の多くは、保身策として、人生に刺激を与えるような資質から自分を切り離そうとしてきた。現実主義者を装って皮肉屋となり、創造性や勇気を萎えさせたり、居丈高に知識を振りかざし、尊大な態度で好奇心や問題提起を抑え付けたり、冷淡かつ無関心を振る舞い他人への思いやりを拒絶したりする。

苦痛を味わうことなしに、リーダーシップの喜びを知ることはできない。これは厳しい真実である。しかし、ゲームから降りたりせずに、あえて苦しみを引き受けるだけの価値はある。それは、社員の生活に前向きの変化をもたらすだけでなく、リーダー自身の人生に意義を与えてくれるはずだ。

コスト削減は「技術変革」、戦略の見直しは「適応変革」

適応変革と技術変革の違い、そしてその区別の難しさを示す例え話を紹介しよう。

車の調子が悪ければ、修理工場へ持っていく。ほとんどの場合、問題は技術的に解決される。しかし、家族の運転の仕方が悪いせいで車の調子がおかしくなっているとすれば、また故障するはずだ。何の疑いもなく技術上の問題として扱い、そのたびに修理工場に持ち込み、また運転する。これを繰り返している限り、真の問題点は見えない。

もしかすると、飲酒運転を止めるよう母親に注意すべきなのかもしれないし、高齢の祖父に運転を諦めるよう説得すべきかもしれない。あるいは未成年の息子にもっと慎重に運転するよう指導したほうがよいのかもしれない。

いずれにせよ、修理工場では解決できない問題である。家庭内に何らかの改革が必要なのだが、たやすいことではない。みんな抵抗するだろうし、なかには問題の存在すら頑として認めない人も出てくるだろう。誰かがグループや組織の平衡状態を乱すと、適応変革の影響を直接被らない人まで不快に感じるものだからだ。

このような適応変革への抵抗は、ビジネスの場面でも起こりうる。実際、適応変革を技術変革と取り違えることはよくある過ちなのだ。

たとえば、経営幹部は全社的なコスト削減によって純利益を拡大しようとする。これは「どの部門をスリム化すべきなのか」という厳しい選択を避けているだけでなく、本当の課題は戦略の見直しにあるという事実を覆い隠してしまう。

適応変革を技術変革として扱う限り、経営幹部が長年最も得意としてきたこと――すなわち他人の問題を解決すること――を実行すれば事足りる。社内の人間も、上司は秩序と安定を維持するつもりであるとわかるため、平静でいられる。

「リーダーの地位にある人がみんなの気分を逆撫でるような改革を煽動すべきではないし、社員もそんなことに耐え忍ぶ必要もない。たとえコスト削減という苦痛は避けられないにしても、組織全体をゼロからつくり直すよりかは痛手が少ない」

ほとんどの社員はこのように考えているのである。

【注】

1930年代の世界恐慌時、第32代米国大統領フランクリン・ルーズベルトがニューディール政策を実現させるために、ラジオ放送を通じて「炉辺談話」を開始した。平易な言葉でみずから国民に訴えかけたことが、多くの支持につながった。

第 7 章

自己変革の心理学

ハーバード大学 教育学大学院 教授
ロバート・キーガン
ハーバード大学 教育学大学院
チェンジ・リーダーシップ・グループ研究主任
ライザ・ラスコウ・レイヒー

"The Real Reason People Won't Change"
Harvard Business Review, November 2001.
邦訳「自己変革の心理学」
『DIAMONDハーバード・ビジネス・レビュー』2002年4月号

ロバート・キーガン
(Robert Kegan)
ハーバード大学教育学大学院のウィリアム・アンド・ミリアム・ミーハン講座生涯学習・職業開発学教授。

ライザ・ラスコウ・レイヒー
(Lisa Laskow Lahey)
ハーバード大学教育学大学院のチェンジ・リーダーシップ・グループ研究主任。マッキンゼー・アンド・カンパニーのシニア・プラクティス・エキスパート。

両者の共著に *How the Way We Talk Can Change the Way We Work*, Jossey-Bass/Wiley, 2001.(邦訳『あの人はなぜウンと言わないのか——自分を変える。組織を変える。』朝日選書、2002 年)がある。また両者はともにコンサルティング会社マインド・アット・ワークの設立者である。

心に潜む裏コミットメントが変化を拒む

マネジャーなら誰しも、「変化を歓迎しない部下」といえば、思い当たる節があるだろう。その原因が非常に把握しやすい場合もある。組織内の力関係が変わることを心配したり、新たなスキルの習得を面倒だと思ったり、新しいチームに入ることでストレスを感じてしまったり……といったところだろう。

しかし時に、変化を拒む理由がまったく見当がつかない場合もある。変化に十分対応できるスキルも賢明さも持ち合わせており、会社への忠誠心も厚く、変化の方向にも心から賛成していると思われるのに、積極的には何もしようとしない。

なぜなのか。筆者らは、組織心理学者として、このような心理作用を実に数百回に及んで観察してきた。その結果、最近になって、一見単純だが、意外な結論にたどりついた。

変化への抵抗は、変化そのものに反対しているのでもなければ、単なる惰性の結果でもない。ある変化に心から賛成しつつも、一方で、心に潜む「裏コミットメント」に無意識にエネルギーを費やしてしまっている、というのが真相である。

その結果生じる力の均衡状態が変化への取り組みを失速させてしまう。これは変化に対する抵抗のように見えるが、むしろ変化に対して起こる、一種の心理的な免疫反応、拒否反応というべきものである。

マネジャーが、部下の裏コミットメントを見抜くことができれば、それまで不合理で無意味なものにしか見えなかった行動が、突如として合理的かつ巧妙なものに見えてくる。

ただし、合理的とはいっても、上司や本人の目標とは逆方向に、である。

たとえば、及び腰のプロジェクトリーダーは、無意識に裏コミットメントを抱いているのかもしれない。いまの仕事をあまりにうまくこなしてしまうと、次の仕事が難しいものだった時に自分の手に負えなくなる、それで評価を下げてしまうのは嫌だというコミットメントである。

あるいは、熱心にチームワークへ気を配っているにもかかわらず、いま一つ仕事が進まない部下は、活発なチームにありがちな内部衝突を避けようと、密かに望んでいるのかもしれない。

本稿では、このような裏コミットメントを詳しく観察し、変化に対する免疫反応を部下に克服させる方法を提示したい。

このプロセスは簡単に聞こえるかもしれないが、けっして容易なことではない。人間を突き動かしている心理の奥底を見つめ直す作業である。長い間、もしかすると子どもの頃から、当然としてきた考えに疑問を投げかける作業である。そして、ふだんなら他人に話さないような、あるいは自分でも気づいていないような、苦痛や困惑を伴う心情をさらけ出す作業である。

実際、変化に対する免疫反応に手をつける勇気が持てず、いままで通り裏コミットメントとの無益な葛藤を続けてしまう人も出てくる。

部下にこのテストを受けさせるに当たって、マネジャーは包容力と気配りを持って臨まねばならない。素直な内省、率直な告発をしてもらうには、話の内容を本人の不利になることには使わない。これを肝に銘じておかなければならない。対話の目的はあくまでも部下の能力をさらに引き出すことであり、仕事や人格において欠点を探すためではない。

心の奥に眠る先入観を洗い出し、自問自答する部下をサポートする時、まるで自分が心理学者のように思えてくるだろう。マネジャーとは、ある意味でたしかに心理学者なのである。最後は、部下がみずからの限界を打破してもっと仕事ができるように導く。これが優れたマネジメントの真髄である。

細心の注意を要するこのプロセスを説明する前に、まず裏コミットメントの実例をいくつか挙げよう。

裏コミットメントを無視した施策は徒労に終わる

優秀な部下が裏コミットメントのせいで、不可解で救いがたい振る舞いをしてしまうことがある。これは上司にとっては、非常に頭の痛い問題である。

あるソフトウェア会社の才能あるマネジャー、ジョンの場合を見てみよう。ちなみに、本稿の内容はすべて実話だが、人名ほか特定できそうな部分は架空のものとした。また一部、複数のケースをつなぎ合わせたところもある。

ジョンは、オープンなコミュニケーションを高く評価しており、職場での協力関係も重んじていたが、ユーモアにトゲがあるために同僚からはうとんじられるところがあった。もちろん昇進も望んでいたが、この問題のために見送られるのが常だった。

彼はふだんの行動について何度もカウンセリングを受け、そのたびに同僚との関わり方を変える必要をすんなりと認めた。しかし何度やっても、いつの間にかふだんの行動パターンに戻ってしまうのだ。

彼の上司は、なぜジョンが昇進の芽を自分で潰してしまうのか、不思議でならなかった。

実を言うと彼は、白人ばかりのエグゼクティブチームの中で唯一の有色人種だった。裏コミットメントを洗い出すテストを受けてもらったところ、驚くべき発見があった。彼は無意識のうちに、「もしエグゼクティブチームに溶け込みすぎると、人種グループへの忠誠心が弱まるのではないか」と思っていたのである。

彼はいわゆる社会の主流派に接近すると心に動揺を来し、自分が「向こう側の人間」になって家族や友人を裏切っているような気がしてしまう。だから自分のアイデアに周囲が協力しようとすると、皮肉で煙に巻き、その結果として自分が周縁の位置に戻ると、安心するのだ。

ようするに彼は、同僚との仕事を首尾よく運びたいと心から願う一方で、同僚とある程度距離を置いていたいという裏コミットメントを抱いていたのである。

次は、大手メーカーの出世が期待されるマネジャー、ヘレンのケースを考えてみよう。

彼女は、会社の主力製品の製造期間短縮という仕事を任せられたが、遅々として時間を空費するばかりだった。上司のアンドルーがふと気づくと、大事な期限日まで2カ月しかないというのに、彼女はまだ中間報告を一度も提出していない。

アンドルーはヘレンを呼んで、プロジェクトの進行状況を聞いた。彼女はスケジュールにかなりの遅れが出ていることを認め、チームをまとめるのに苦労し、時間を取られていると報告した。それでも彼女の話し振りは、プロジェクトの成功を本気で願っているように感じた。

2人は方向修正のために詳細な計画を練った。アンドルーはこれで一件落着だと思っていた。しかしそれから3週間経っても、ヘレンはまだチームを立ち上げていない……。

彼女は、なぜ自分の行動を変えることができないのか。同僚数人を交え、厳しく自己分析した結果、彼女もまた意外な結論に達した。

彼女はたしかにプロジェクトの成功を切に願ってはいたものの、同時にアンドルーの部下のままでいたいという無意識なコミットメントを抱いていたのである。

たしかに新しい仕事にやる気はかき立てられていた。しかし、心の奥で成功を収めると、アンドルーの部下ではなく、同列の地位に上ってしまうのではないかと恐れていた。アンドルーとの関係の変化にうまく対応できるかどうか、不安だったのだ。

もっと悪いことに、昇進などしようものなら、仕事の最終責任者がアンドルーではなく自分になってしまう。ヘレンは、重責に耐えられるかどうかの自信がなかったのである。

このようなケースを見ると、変化に対する免疫反応の性質がおぼろげながら浮かび上がってくる。ジョンやヘレンの場合、公言している目標と実際の行動が食い違ってしまうのは、偽善でもなければ、変化に対する無言の抵抗でもない。それは裏コミットメントというもののマヒ作用なのである。

ジョンのコミュニケーション状況を改善したい。ヘレンのプロジェクトをしっかり進めさせたい。そう願う上司は、彼らが無意識のうちに逆方向の願望も持っていることを見抜かなければ、焼け石に水をかけるような徒労に終始してしまう。

変化に対する免疫反応をえぐり出せ

裏コミットメントは、上司を困らせるだけではない。部下自身にとっても悩みの種である。心から仕事の成功を望む社員でも、知らずしらずのうちに、神話のシシュフォスのような仕事をしていることがある。そのような部下は、大石を山頂近くまで運び上げては、転げ落ちてしまうような行為をしている本当の理由に気がつくと、間違いなく大きな安堵感を得るはずだ。

裏コミットメントに気づくことで、新たな不安を抱える場合もあるかもしれない。しかし、そうなって初めて、公言している本来のコミットメントを実現する望みが出てくる。

筆者らは、過去15年間にさまざまな企業のマネジャー数百人を対象に研究してきた結果、変化を阻止している要素を洗い出す3段階のプロセスをつくり上げた。

まず、マネジャーは部下の裏コミットメントを発見するためにいくつか質問し、誘導していく。次に、部下が裏コミットメントについて考え、核心に潜む思い込みを突き止める。その段階まで来て初めて、部下は実際に行動を変えていくプロセスに入ることができるのだ。

以下、全体のプロセスを順を追って説明していくが、どの段階にも時間がかかるということを理解してもらいたい。最初の「裏コミットメントの洗い出し」段階だけでも、質問と回答の意味を一つひとつ突き詰めなければならないので、少なくとも2～3時間は要するだろう。

裏コミットメント	思い込み
実は、白人同僚から一定の距離を保つよう努めている。	主流派に溶け込みすぎると、自分の人種グループとの連帯感を失ってしまうと思う。
実は、教え子の役割からはずれないように、上司との関係が変化しないように努めている。	同格になったら、いままでの上司が味方してくれなくなると思う。自分には、最先端のプロジェクトを成功させるほどの力はまだないと思う。
実は、手に負えないような問題から目を背けようと努めている。	リーダーである自分はあらゆる問題に対処できなくてはならないと思う。一つでも問題を処理できなければ、周囲から無能と評価されると思う。
実は、すべてを自分の方法でコントロールし、自分の高い要求水準で仕事が進むように努めている。	自分がすべて面倒を見ないと、時間が無駄になると思う。部下は自分ほど機転が利かないと思う。
実は、一人で手柄を上げ、共同作業による不満や衝突を避けようと努めている。	成功の立役者として目立たないと、誰も自分のことを評価しないと思う。不満や衝突を経験しても、自分が得することはないと思う。
実は、転換の過程について、はっきり構想ができるまでは、力を入れないように努めている。	もし思い切った転換を指示して中途半端な結果に終わったら、頼りにならない無能な上司に見られると思う。

図表7｜**変化に対する免疫反応の診断テスト**

変化に対する免疫反応を診断するうえでの最重要ポイントは、部下の裏コミットメントを洗い出し、思い込みに気づかせることである。そこで本文のように質問し、回答の要点を表にまとめてみた。以下はテストを受けた6人の回答である（上から4人は本文中で紹介したケース）。変化に対する免疫システムが描き出されており、これまでの大きな困惑が納得できる。

	表向きのコミットメント「私が目指しているのは……」	自分の行動の中で、そのコミットメントの実現を妨げているもの
ジョン	同僚とのコミュニケーションを密にすること。	自分の主張をする時に、しばしば皮肉を交じえてしまう。
ヘレン	新しい仕事をすること。	部下にも自分にも、強制的には最高のパフォーマンスを求めない。そこそこの製品で満足し、迷うことも多い。取捨選択がはっきりしない。
トム	部下の話を聞き、多くの情報を伝えてもらうこと。	問題の起こりそうな件については質問せず、報告するようにも言わない。悪いニュースを聞かされると、それを伝えた人に当たりちらす。
メアリー	意思決定を部下に任せて、分権を進めること。	部下に十分な権限を与えていない。権限は与えても、必要な情報を伝えないこともある。
ビル	優れたチームプレイヤーであること。	同僚と十分に協力し合わない。独断専行が多い。周囲の意見を本気で取り上げない。
ジェイン	チームの方向性を大きく転換すること。	問題を放置してしまうことが多い。部下に仕事を最後までやり遂げさせる熱意が足りない。

裏コミットメントを問い直し、変化に対する免疫反応の克服に向けて、しっかり前進を始めるには、さらに時間がかかる。数週間、時には数カ月に及ぶこともある。しかし、内心に潜んでいるコミットメントをテーブルの上にさらけ出すだけでも、その人の考え方や行動が目に見えて違ってくるものである。

STEP1 裏コミットメントの洗い出し

変化に対する免疫反応を克服するための最初の作業は、裏コミットメントの洗い出しである。

筆者らの経験上、裏コミットメントは巧妙に潜んでいるが、以下に述べる質問によってうまく引き出すことができる。ただし前提として、個人的な話や、場合によっては気まずい話を打ち明けても、それが自分に不利な形で利用されることはない、という信頼が不可欠である。

診断テストは、何人かのグループで実施すると特に効果的である。裏コミットメントをすでに発見した人が、まだ発見できていない人をサポートする。そうすればテストを受ける者は、業績の優秀な社員でさえ、何かしら裏コミットメントや内面の葛藤を抱えていることを知り、安心できる。

さて、第1の質問である。

❶現在の仕事に満足していますか。また、仕事の効率を上げたり、もっと満足度の高い仕事にするために、職場で変えたいこと、変わってほしいことは何ですか。

答えは、ほぼ間違いなく「不満」と返ってくるだろう。不満には、ネガティブで非生産的な調子があるため、マネジャーは忌み嫌いがちだ。

しかし、不平不満が非常に有益な点もある。人間は、自分が大切に思うことについてのみ不満を言うものであり、不満が強いほどそのテーマを重要視していることになる。よくある凡庸な愚痴でも、少し努力することで、本人を奮い立たせ、突き動かすもの、心からのコミットメントに変えることができる。

そのためには、第2の質問が必要だ。

❷そういう不満を抱くということは、言い換えると何を要望しているのですか。

たとえば、筆者らが面談したプロジェクトリーダーのトムは、「部下が、プロジェクトの大まかな進行を私に知らせようとしない」とブツブツ言っていた。この不満は「自分は、オープンで率直なコミュニケーションを重んじる」ことを意味している。

またラインマネジャーのメアリーの場合は、部下が会議で発言しないことを嘆いていた。つまり、「自分は意思決定の分担に向けて努力している」ということである。

このようなコミットメントをきちんと公言していても、ほとんどの場合は自分で実現を妨げているようなところが見つかる。そこで第3の質問を投げかける。

❸自分の行動の中で、目標の実現を妨げているものに心当たりはありませんか。

筆者らの経験では、このような行動の事例は、必ず数秒で出てくる。たとえば、前出のトムはこう認めた。「部下が悪いニュースを持ってくると、彼に当たりちらすようなことがあった」

またメアリーは、これまで部下に権限を十分に与えず、決定を下すのに必要な情報も知らせない場合があったことを認めた。

トムもメアリーも、ほかにも問題の原因はあったかもしれないが、自分で周囲に影響を及ぼす行動をしていたことは間違いない。ほとんどの人は自分のそういう面にすぐに気づいて、「ああいうことはやめないといけない」と認めるものだ。実際、トムはすでに何度も、プロジェクトの進行に支障を来たすトラブルの報告でも冷静に聞くようにすると部下に約束していた。

しかし、この段階での目的は、問題行動をなくすことではない。その人がなぜ成功の芽を潰すような行動をするのか、真の理由を知ることである。

そこで次の質問として、行動を変えた場合の結果を本人に考えさせてみる。第4の質問はこうだ。

❹自分に不利な行動を改めるとして、心配な点や、漠然とした不安感はありますか。

トムは、自分が悪いニュースを聞かされるシーンを思い浮かべ、こう答えた。「手のつけようのない問題を聞かされるのが怖い。何も対策が取れないような問題だ」

メアリーは、部下の権限を広げた場合を想定してみた。そして、部下がまずい判断を下し、利益の見込めないような仕事をするはめになるのがいやだ、と正直に答えた。

最後の質問は、この受動的な不安感を、好ましからぬ結果とならないように能動的なコミットメントとしてとらえ直すことである。

❺あなたが自分に不利な行動を取ってまで防ぎたい結果とは、どのような結果なのでしょうか。

この答えが、変化に対する免疫反応の中心に居座っている裏コミットメントである。

トムの答えは、「手に負えない問題を聞かされないように努めていた」というものだった。彼は部下を叱り付けることで悪いニュースを持ってこないように仕向け、自分がプロジェクトをコントロールし切れないのではないかという不安に対して自己防衛していたのである。

メアリーの動機もまた自己防衛だった。部下のまずい判断の結果に対する防衛である。「部下が私の意に沿わない判断を下さないように努力していました」

このような内心をさらけ出すことは、困惑を招くこともある。一般的なコミットメントなら、屋上に上って大声で叫べるくらい立派な目標を目指しているのが常だが、裏コミットメントのほうは個人的なものであり、周囲からのイメージや自分で抱くセルフイメージを失墜させかねない。裏コミットメントは隠そうとするものだし、暴かれた時にも何とか糊塗しようと努めることも無理のない話である。

ここで注意すべき点として、裏コミットメントをその人の弱点と見てはいけない。それは自己防衛の一種であり、人間としてまったく自然かつ合理的な心の動きである。

肝心なのは、もし裏コミットメントが一種の自己防衛であるのなら、いったい何から身を守ろうとしているのかである。

答えは、いわゆる「大いなる思い込み」――自分自身や周囲の世界に関する根の深く、根拠のない考え――にある。

思い込みは世界に一つの秩序を与えるが、同時にこうなれば秩序が崩壊するという方向付けもしてしまう。裏コミットメントはこのような思い込みから湧き起こり、心の中にある理想の世界像を保とうとするような行動を無意識に引き起こすのである。

STEP2 思い込みを自問自答する

人は、自分の思い込みにはなかなか気づかない。思い込みを現実そのものとして認識しているからだ。これらはずっと昔に形成されたものが多く、批判的に検討されたことがないため、本人の人格に織り込まれてしまっている（思い込みの支配力については、**章末**「思い込みは『現実感』である」を参照）。

しかし、外からちょっとした手助けをしてやれば、割に簡単に思い込みが判明する。裏コミットメントを洗い出した後ならば、なおさら簡単だろう。このためにはまず、裏コミットメントとは逆の内容を仮定条件とした文言をつくり、その後の成り行きを仮想する作業をしてもらう。

たとえば「手に負えない問題を聞かされないよう努めていた」というトムの場合は、「もし手に負えない問題を聞かされたら、自分はいまの職を務める資格がないと評価されるだろう」と思い込んでいた。

メアリーの思い込みは、チーム内のスタッフは自分ほど機転が利かず経験も浅いので、自分が仕切らないと時間が無駄になる、というものであった。

また最初に挙げた例で言えば、ジョンの思い込みは「白人の同僚に全面的に溶け込んでしまうと、人種的アイデンティティを失い、自分の育った社会を疎外することになる」というものだろう。

こうした作業はとても困難で、なかなかスムーズには運ばない。自分の思い込みを認めることを、不安に感じてしまうからだ。このプロセスは、人が語りたがらない個人的な感情をえぐり出し、はっきり意識させる。たとえば、根深い恐怖感や不安感、人間へのひどく否定的な見方や単純すぎる見方、自分の能力や知性に対してのイメージなどである。

思い込みとは、自問自答することなく受け入れたものであり、それによって心の免疫機構が安定し、維持されている。こうなると裏コミットメントだけが本人の世界を意味付けるものとなるため、無意識にその方向に向かう行動を取り、表向きのコミットメントにブレーキをかけてしまう。

思い込みに疑いを抱かせ、なぜ矛盾した行動をしてしまうのかを理解させるには、まずその人の思い込みを白日の下にさらす以外に方法はない。

STEP3　思い込みを克服する

裏コミットメントと、自分を支えている思い込みを認知できれば、だいたいは免疫反応を克服する準備ができたことになる。

ここでまずやるべきことは、行動ではなく観察である。すぐに行動に移して問題を解決することに慣れた優秀な人には、逆に難しいかもしれない。このあたりを、ステップを追って詳しく説明してみよう。

1　思い込んだままの行動を観察し、記録する

まず、思い込んだままの状態の時、どういう結果が起こるか、またどういう結果が起こりえないのか、本人に考えてもらわねばならない。

この段階では、わざといままでの思考や行動を変えず、思い込みに基づく自分の行動にただ注目し、観察するように指示する。こうすると、思い込みがどのような時、どのように生活に影響を与えるか、把握することができる。

たとえばジョンは、白人の同僚に溶け込むと、自分の人種グループからのけ者になると思い込んでいた。そして、あるアイデアが会議で提案された時にそれをばかにしてしまったため、内外で話題になるような重要な仕事のチャンスを逸してしまった経験があることに気づいた。

2　思い込みの反証を探す

次に、思い込みの正しさを再考させる過去の経験を、やはり本人に積極的に掘り出してもらう。

思い込みは現実だと思われており、見るべき対象に勝手なバイアスを与えるため、本人は無意識にある種のデータにばかり注視し、それ以外のデータを無視するようになる。思い込みに疑問を抱かざるをえないような経験を探してもらうことで、その呪縛を弱めそうな情報から、これまで目を背けていたという事実に気づいてもらう。

ジョンがあらためて周囲を見回してみると、別の部にいるアフリカ系米国人のマネジャーは、同僚のほとんどが白人なのにしっかりと仕事の関係を築いており、しかも人種的アイデンティティも損なっていないように見えた。

また、1年前に緊急対応チームに入った時も、白人の同僚と何時間も一緒に働いたが、仕事に満足できていたことを認めざるをえなかった。いつものようなどっちつかずの気持ちを感じるすきがなかったのである。

3　思い込みの起源をたどる

この段階では、自分の思い込みの「生い立ち」を綴ってもらう。自分の思い込みはいつ、どのようにしてできたのか。何年くらい続いているのか。転機となったのはどういう事件だったのか……。回想はかなり昔まで遡るもので、ほとんどの場合はいまの職場・同僚との関係を築く以前のことである。

ここまで考えると、本人もさすがに思い込みに対して疑問を抱くようになってくる。特に、思い込みがいまの自分を束縛し、何年にもわたって生活を特定の色に染めてきたことに気づいてくれると、しめたものだ。

最近会ったある女性CEOは、数年前の離婚騒動で身についてしまった自己防衛的な態度を、仕事にまで持ち込んでいることに気づき、驚きの声を上げた。

ジョンのケースにもいえることで、一般的に思い込みの源流をたどると両親や兄弟姉妹、友人との昔の経験に行き着く。思い込みが染み付いてしまっている状況が理解できると、呪縛が解け、いまの自分にも本当に当てはまるかどうかを考え直すようになる。

4　思い込みに対して実地試験する

この段階では、思い込みに対しての何らかの実地試験を自分で考案し、実行してもらう。カウンセリング側が本人に行動を変えるよう指示するのは、この段階からである。

実地試験の状況は本人が考えるが、ここでの注意点は、必ず1人は相談役となるパートナーをつけておくことだ。本人だけに任せると、リスキーな試みをしてみたり、逆に思い込みの正しさを再確認するような中途半端な試みに甘んじたりしがちだからだ。

たとえば、ジョンはパートナーと相談した後、部内の新製品検討手続きを見直す期間限定のチームに志願した。チームは1カ月で解散する予定なので、仕事上の人間関係が耐えがたいほど不快になったとしても、すぐに脱出できる。

期間中は、白人の同僚数人と長時間一緒に過ごすのだから、チームに完全に溶け込むとどのようなマイナスがあるか、十分に試すことができるだろう。

5　試験結果を評価する

最後のステップでは、実地試験の結果を評価し、また新しい試験を考え、実行し、最終的には思い込みを問い直してもらう。

ジョンの場合は、ほかの仕事にも志願し、白人同僚と顔を合わせ、順次溶け込んでいくということであった。同時に、職場以外の黒人社会のボランティア活動に参加し、人種グループへの連帯感も損なわないようにした。

注意しておきたい点が一つある。「思い込みを洗い出す」ことは、必ずしも「間違いを暴く」ことではない。

思い込みの内容に一理あるとしても、それを問い直し、自分の行動への呪縛を見直す機会を与えれば、もっと効果的な行動方針を立てられるケースが多い。事実、ジョンは、表向きのコミットメントを阻止するような行動を抑えながら、裏コミットメントの本質――彼の場合は自分の属する人種グループとの連帯感――を保つやり方を見出したのである。

マネジャー自身にも思い込みは存在する

ここまで説明してきたような作業を部下に施す時、念頭に置くべきことがある。変化に対する免疫反応については、作業を施すマネジャー自身とて部下と何ら変わりがない。つまり、マネジャー自身の競合コミットメントや思い込みが、周囲に大きな影響を与えているかもしれない。

もう一度ヘレンのケースに戻ろう。筆者らがヘレンの上司アンドルーに対してもテストを施行してみたところ、彼も矛盾した思い込みを抱いていることが判明した。

部下の成功を自分の目標として努力してはいたが、内心で自分の高い要求水準に応えられるのは自分だけだと思い込んでおり、結果としてプロジェクトを隅々までコントロールしたいという裏コミットメントを持ち合わせていたのだ。

そしてこのような不信感を、ヘレンを含めた部下たちに無意識のうちに伝えていた。アンドルーとヘレンの裏コミットメントは、本人たちも気づかないうちに相乗効果を生んでいたため、ヘレンの依存心は消えず、アンドルーはヘレンの仕事を監督し続けていたのである。

ヘレンとアンドルーは、現在も自分を変える作業を続けているが、自分たちの行動上の問題と、それがどれほど成長の障害になっていたかについては、すでに気づいている。

これは小さな一歩に見えるかもしれないが、裏コミットメントをさらけ出して正面から立ち向かうのは困難で、苦痛も伴う。しかし、その分だけ大きな効果が期待できるのである。

マネジャーはこの作業を通して初めて、変化を心から支持しつつも実際には動こうとしない部下がいる理由を知ることができる。その作業とは、非生産的な行動を単純に指摘して矯正するのではない。それでは、対症療法だけで病気を根治しようとするようなものだ。また、部下をなだめすかすとか、おだてて動かすということでもなければ、まして勤務評定を下げることでもない。

それは、人の行動にある複雑性を理解し、生産的なプロセスによって導いて、裏コミットメントを洗い出し、本来の目標を妨げている心の無意識な葛藤に対処する自助努力をサポートする取り組みなのである。

思い込みとは「現実感である」

思い込みとは、まず自分の中で世界のある像を抱き、それを現実そのものだと思う、人の心の働きそのままの現象である。子どもを見れば、よくわかるだろう。子どものかわいらしい思い違いは微笑ましいもので、多少おかしなところがあるにせよ、世界を積極的に把握しようとしている証拠であり、喜ぶべきことである。

このような話がある。２人の子どもにインドの文化を説明していて、世界が巨大な象の上に乗っており、象がさらに大きな亀の上に乗っている絵を見せたところ、一人がこう言った。「亀の下には、何がいるんだろう」。するともう一人が答えた。「あの下はね、ずっと亀が重なってるんだよ、きっと」

しかし微笑ましく思う心の底に、「やっぱり子どもだな、大人とは違う」という思い上がりが潜んではいないだろうか。大人は、亀が重なっているなんて子どもらしい勘違いだなあと思う。我々はもっと現実を正確にとらえているものだ、と。

それは真実だろうか。大人は、成人してから現在まで、現実が頭の中で思っていたことと違っていたという経験をしなくなっただろうか。もちろん、そんなことはない。筆者らが各方面での20年間にわたる研究で観察したところでは、さまざまな問題を乗り越えて「人生の達人」となるには、大人でもいまの自分から脱皮して世界に対する多様な見方を学び、またそこから脱皮するという経験を積み重ねなくてはならない。(注)

あるオーストラリア人女性は、米国に1年住んでいた時のことを話してくれた。「米国では車が右側通行でしょ。オーストラリアとは反対です。ハンドルも左側でしょ。運転しようと思って、右から乗り込むのですが、はっと気がついて左側に回って乗り直すことがよくありました」。そして、こう続けた。「ある時、5つも6つも考え事があって、また車の右から乗り込み、キーを出してエンジンをかけようとしたんです。そして目を上げて、こう思いました。『何てこと。米国はやっぱり物騒ね、ハンドルまで盗まれるなんて』」

もちろん、彼女がちょっと左に腕を伸ばせば、そこに反証となる物体があった。つまり、ここがポイントなのだ。彼女からしてみれば、ふだんわざわざ左に注意する習慣はなかったのだ。

思い込みは本人を欺き、油断させ、また一種の安心感を与える。ハンドルは右にあると思い込んでいれば、そもそも他の場所に目を向ける必要はないだろう。

自分の会社、部署、上司、または部下に対して、これができる、あれはできないなどと思い込んでいれば、反証となるデータに目を向けるだろうか。たとえそれが手の届くほど身近にあっても気がつかないものなのだ。

【注】

Robert Kegan, *In Over Our Heads*, Harvard University Press, 1994.を参照。

集団に潜む裏コミットメント

裏コミットメントや思い込みは、個人の心の奥底にあるのが普通であるが、「集団」も変化に対する免疫反応があるという点では、個人とそれほど大差はない。

毎日顔を合わせるチーム、部、課、時には会社全体が、内心の葛藤にひざを屈して、心から求めているはずの大きな変化を無意識に拒んでしまうことがある。

たとえば、あるビデオ製作会社の経営陣は、ある時までほとんど横並びの組織構造を構成し、横の協力関係もうまくいっていた。しかし、筆者らが面談する1年ほど前に、全員一致で事業計画のやり方を変更した。経営陣の望む方向に会社が伸びるように、各役員が一つの市場セグメントを担当して、個別に動くようにしたのである。経営陣たちから聞いたところでは、このおかげで非常に活気が出てきたそうである。どのような市場を狙うべきかが理解され、戦略プランも細かく模索し、市場ごとの数値目標もはっきり決めた。

しかし1年が経過すると、熱意とは裏腹に成果は微々たるものだと認めざるをえなくなっていた。もっともらしい解釈はいくらでも出てきた。

「少し現実的ではなかった。新しいことを始めて、同時にこれまでの仕事もいままで通りこなせると思っていた」「新規クライアントへの押しが足りなかった」「新規事業も始めたが辛抱が足りず、黒字にならないとすぐ撤退してしまった」……。

しかし、このような問題を乗り越える努力をしても、たとえば、新規クライアントへの売り込みにいっそう力を入れても、成果はほとんど上がらなかった。これは非生産的行動の真の理由に気づいていなかったからにほかならなかった。

筆者らは、経営陣の説明を手がかりとして、その奥に潜む裏コミットメントをのぞき込み、苦境の真の理由に気づかせることができた。経営陣にこのように質問してみた。「新しい市場をさらに積極的に追求したとしたら、あるいは、新事業開始のために現在展開している事業を縮小するとしたらどうなるか、少しも不安や心配はありませんか」

間もなく、話題は違った方向に進み始め、経営陣全体の葛藤が浮かび上がってきた。「新しい市場分担方式では、仕事の面でも気持ちの面でも経営陣の目標がばらばらになるのではないか」

そして、このような結論となった。「いまやっとわかりました。私たちは競争のない、知的充実感に満ちた、全社一丸となって事業に取り組むムードを守りたいと努力していたのです」

役員たちはこのコミットメントのままに、自社の将来のためにベストだと判断したはずの戦略プランの足を引っ張るような方法を、「競争することなく」「全員で」見出そうとしていた。

経営陣の思い込みは何なのか。「各人が特定の市場セグメントに責任を負う戦略を取ると、これまでうまく回避してきたはずの派閥ができてしまい、互いに孤立し合うような気がしていたのです。また、この戦略では互いを競争相手と見なすようになる、とも思っていました」

この思い込みが正しいかどうかはともかく、このような不安があることに気づかない限りは、いつまでもグループ全体の目標の足を引っ張ることになっていただろう。実際、本人たちも気づいた通り、和を保ったままで新しい企業戦略を追求する方法はいくらでもあったのである。

第8章

変革成功の「暗号」を解く

ハーバード・ビジネス・スクール 名誉教授
マイケル・ビア
ハーバード・ビジネス・スクール 教授
ニティン・ノーリア

"Cracking the Code of Change"
Harvard Business Review, May–June 2000.
邦訳　初出

マイケル・ビア
(Michael Beer)
ハーバード・ビジネス・スクール名誉教授。

ニティン・ノーリア
(Nitin Nohria)
ハーバード・ビジネス・スクール教授。

変革理論

ニューエコノミーは素晴らしいビジネス機会を生み出したが、同時にとてつもない混乱も呼び込んだ。産業革命以来、変革の良し悪しが企業の命運をこれほど左右するようになったことはない。従来の組織は、少なくとも理屈の上では、みずからが変わらなければ生き残れないことを十分承知している。イーベイやアマゾン・ドットコム、アメリカ・オンラインといったインターネット関連企業でさえ、急成長すれば会社を変えなければならないことをよくわかっている。しかし、個別の成功事例がいくつかあるとはいえ、変革をうまくやり遂げることは昔もいまも困難な事業で、プロセスを思い描いていた通りに実現できている企業はほとんどない。新技術の導入や経営の合理化、リストラクチャリング、企業文化の変容といったさまざまな取り組みがなされてきたが、成功確率は実に低い。あらゆる改革努力のおよそ70%は失敗してきた、というのが厳しい現実だ。

筆者らの経験によると、失敗の主な理由は、変革を急ぐあまり、次から次へと立ち上がるプロジェクトの山にマネジャーたちが埋もれてしまう点にある。会社がなぜ変わらなければならないのか、変わるには何を試みるべきか、どのように成し遂げるべきか、といったことについて、文書やオンラインで目にする助言に圧倒されて目がくらみ、夢見心地となってしまう。実際に着手しても、実施しなければならないプランがあまりにも多すぎ、現場が大混乱することも珍しくない。その結果、変革の取り組みは往々にして、人的にも経済的にも大変なコストがかかってしまう。成功確率を高め、従業員の大量解雇を減らすには、経営陣が企業変革の意味とプロセスを、これまでよりもずっと深く理解することがどうしても必要だ。しかしそれだけでは十分ではない。リーダーは成功のための「暗号」を解く必要がある。

筆者らは、過去40年以上にわたって企業変革の特質を研究してきた。どの企業の取り組みにも特色があるが、筆者らの調査によると、変革には2つのモデル（理論と言ってもよい）がある。これらのモデルは、経営幹部――そして彼らに助言を与えるコンサルタントや学者――が変革を、なぜ、どのように進めるべきかについてしばしば無意識に抱く、実にさまざまな前提条件に基づいている。「理論E」は、経済価値に基づく変革で、「理論O」は、組織能力に基づく変革だ。いずれも有効性が実証されたモデルで、経営目標の一部を（表面するか、示唆するかは別として）達成できることは確かだ。しかし、どちらを実施するにもコストがかかる。しかも予想外に高くつくことも多い。

理論Eの変革戦略は、どれも新聞の大見出しになるような取り組みだ。この「ハード面からの」企業変革アプローチの成否を適正に測る唯一の妥当な尺度は、株主価値だ。企業変革プロジェクトでは、経済的なインセンティブ、大胆なレイオフ、事業の縮小、リストラクチャリングが相当の規模で実施されることが多い。米国では、企業の取締役会が金融市場から業績改善を急き立てられるため、理論Eによる変革戦略のほうが理論Oよりも一般的だ。たとえば、1991年に、ウィリアム・A・アンダースがゼネラル・ダイナミクスのCEOに就任した時、彼の目標は、どんな犠牲を払ってでも経済価値を最大限にすることにあった。彼は、就任後の3年間で従業員数を7万1000人（7事業部門を分離して4万4000人、レイオフと自然減で2万7000人）削減した。典型的な理論Eを採用したわけだ。

一方、理論Oを採る経営者は、自社の株価ばかり重視すると、組織に害を及ぼしかねないと考える。変革に対するこの「ソフト面からの」アプローチは、個人と組織の学び――変容し、周囲の反応を受け止め、反省し、さらに変革するというプロセス――を通じて企業文化と人間の能力を開発しようとする。理論Oを採用する米国企業の多くは、従業員との間で、コミットメント（業務に対する熱意と責任感）に基づく、長期にわたる力強い心理的契約を結んでいる。1980年代に業績が落ち込んだ時のヒューレット・パッカードもそうだった。こうした企業の経営者には、アジアと欧州の企業も、従業員コミットメントに高い価値を置いているので、企業変革に理論O戦略を採用するケースのほうが多い。

ただし、1つの理論しか採用しない企業はほとんどない。筆者らが調査した企業の大半は、両者を組み合わせた戦略を用いてきた。しかし、理論Eと理論Oの間に内在する対立点を解消しないままに、両者を同時に適用しようとする経営者があまりに多い。2つの戦略を組み合わせたいと思う、その方向性は正しい。ただし、この2つは非常に異なるため、両者を同時に管理することは困難を極める。従業員をいつくしむ行動と冷酷な企業行動の間を行ったり来たりするリーダーを従業員は信用しないからだ。

しかし筆者らの調査によると、その対立を解消する方法はある。ステークホルダーを満足させながら、成長する組織をつくることは可能なのだ。ハード面からのアプローチとソフト面からのアプローチを効果的に組み合わせる会社は、収益性と生産性で大きな成果を得ることができる。これを実現した企業ほど競争優位を維持し続けられる可能性が高い。「リストラ実施」に伴う社会的不安の軽減にも役立つ。

本稿では、ある会社がどのようにして、理論Eと理論Oとの間に横たわるさまざまな対立点を見事に解消したかを探る。しかしその前に、まず2つの理論がどう異なるかを確認しておこう。

2つの理論をめぐる物語

理論Eと理論Oがどれほど違うかを理解するには、企業変革に伴う主要な側面（目標、リーダーシップ、重点項目、プロセス、報酬制度、コンサルタントの利用）に沿って両者を比較すればよい（**図表8**「変革理論の比較」を参照）。ここでは、それぞれの理論でほとんど純粋な形式を採用した2つの類似企業を見ていく。スコット・ペーパーは、理論Eをうまく利用して株主価値を引き上げた。チャンピオン・インターナショナルは、理論Oを使って文化的な変革を完全に成し遂げ、生産性と従業員コミットメントを引き上げた。しかし、ここから見ていくように、どちらの製紙メーカーも、どちらか1つだけを実施していると、いつか限界が来ることを思い知った。では、両社を比較することにしよう。

目標

1994年5月、スコット・ペーパーのCEOに就任したアルバート・ダンラップは、1万1000人の従業員をただちに解雇し、いくつかの事業を売却した。苦境に陥った同社を立て直すという固い決意は、ほとんど偏執的といえた。当時のダンラップが行ったスピーチの一部を紹介しよう。「当社にとって第一の支持基盤は株主の皆さんです。年次報告書に6つも7つも支持基盤が記載されているような

図表**8**｜**変革理論の比較**

企業変革を、理論Eと理論O、両者の融合型について、6つのポイントから比較研究した。

変革の側面	理論E	理論O	理論Eと理論Oの融合
目標	株主価値の最大化	組織ケイパビリティの発展	経済価値と組織ケイパビリティの矛盾を解消
リーダーシップ	トップダウンで変革を推進	従業員のボトムアップで変革を推進	トップの指導で従業員を変革に参画させる
重点項目	構造とシステムを強調	従業員の行動や姿勢の規範となる組織文化を醸成	ハード（構造とシステム）とソフト（組織文化）に同時にフォーカス
プロセス	プログラムの企画・確立	実験と進化	自発性の企画
報酬制度	経済インセンティブで動機付ける	従業員による目標設定と達成時の報酬による動機付け	変革の維持に留まらない推進に報酬を活用
コンサルタントの活用	コンサルタントが課題分析し、解決策を立案	コンサルタントは従業員による課題解決策をサポート	コンサルタントは従業員をやる気にさせる専門職業務に徹底

会社は、経営が間違っているのです」。株主たちから見ると、ダンラップの行動の成果はお見事というしかなかった。わずか20カ月で、スコット・ペーパーの時価総額は1994年の30億ドルから、1995年末にはおよそ90億ドルに拡大した。つまり株主リターンは何と200％、株主価値は3倍になったのだ。金融界はその努力を称賛し、スコット・ペーパーの企業変革アプローチを、「株主リターン改善のモデル」として持ち上げた。

一方、チャンピオン・インターナショナルの改革努力は、これとは似ても似つかない経緯をたどった。CEOのアンドリュー・シグラーは、経済価値の拡大が適切な経営目標だということはわかっていたが、目標の達成には、経営者、労働組合、労働者の行動も変えることが最も優れた方法だと考えていた。1981年、シグラーと経営陣は、「チャンピオン・ウェイ」と名づけた新しいビジョンを核とする、企業文化を再構築する長期的な取り組みに着手した。チャンピオン・ウェイとは、職場の競争力の強化を意図した一連の価値観と原則のことを指す。チームワークやコミュニケーションといった分野を改善すれば、従業員の生産性は最も高まり、利益も大幅に改善できると考えたのだ。

リーダーシップ

理論Eを支持するリーダーは、自社の変革を古い方法で実現しようとする——トップダウンだ。ほかの経営陣をほとんど関与させず、もちろん部下や労働組合の意見にも耳を傾けずに目標を設定する。ダンラップは、明らかにスコット・ペーパーの「最高司令官」だった。たとえば、ダンラップによる粛正を生き延びた経営幹部たちは、株主価値の向上がいまや会社の第一の目的だという彼の哲学に同意せざるをえなかった。ダンラップについたニックネームほど、彼のリーダーシップスタイルを明確に示すものはない。それは「チェーンソー・アル」だ。

これに対して、チャンピオンでの変革に見られた顕著な特徴は、「参加」（理論Oの特徴の一つ）だった。あらゆる取り組みで、会社の業績改善に向けて従業員全員が心から真剣に取り組める環境づくりが目指された。数多くのチームが企業理念の草稿をつくった。討論には労働組合幹部も招かれた。従業員は会社の抱える問題を自分たちで見つけ出し、解決するよう促された。チャンピオンの変革はボトムアップの形で広がっていった。

重点項目

理論Eタイプの変革では、リーダーはまず、組織の「ハードウェア」、つまり組織構造やシステムの円滑化に取り組むのが通例だ。こうした要素は、トップダウンでの変革が最も容易で、業績にもすぐに跳ね返る。たとえば、ダンラップは、人事・厚生部門、経営情報システム部門の大半、技術調査部門の一部、医療サービス、テレマーケティング、セキュリティ部門等々、スコット・ペーパーで多くの部門のアウトソーシングを即決した。グローバル規模での合併を担当するある役員は、理論Eを採用する根拠を次のように説明した。「私の今年の（利益）目標は1億7600万ドルなので、ほかの人たちを関与させる時間も、組織力を高める時間もありません」

一方、理論Oが最初に取り組むのは、「ソフトウェア」の構築だ。従業員の文化、行動、態度を変えていこうというわけだ。チャンピオンでは、10年に及ぶ改革期間中にレイオフされた従業員は一人もいなかった。むしろ、管理職と従業員は、生産性と品質向上という目標を共有し、仕事の習慣や行動を一緒になって見直すように促された。新しい方針に従えないマネジャーは交代させられたものの、従業員全体の解雇をやめたことで、信頼とコミットメントの文化が醸成されやすくなった。まず文化が変わり、組織変革はその後に行われた。実際、1990年代半ば頃までには、チャンピオンは全部門の組織見直しを完全に終わっていた。チャンピオンは、かつては階層的な部門別の組織構造だったが、マトリックス組織を採用して、従業員のチーム力がより顧客に向かうようになった。

プロセス

理論Eは、明確で、包括的で、全員に共有された行動計画によって社内が全社一丸となり、顧客、サプライヤー、投資家間の信頼が高まらなければどのような闘いも勝てない、という見方が前提となっている。リーダーたちは、計画をもとにビジネスを迅速に誘導し、目標達成に向けて会社を動かすことができる。同時に、過去にはおそらくできなかったような厳しく、断固とした行動を取ることが求められる。スコット・ペーパーの変革は、軍隊の戦闘計画のようなもので、管理職は、特定の日までに特定の目標を達成するよう指示された。もし、ダンラップによって厳格に振り付けられた行進命令通りに物事を進めないと、解雇される危険性があった。

一方、チャンピオンの変革は、計画的、実践的というよりは進化的で創発的だった。1981年に10年に及ぶ改革運動が始まった時、手本となる組織や事例はどこにもなかった。ある工場の革新的な業務プロセスや価値観、文化の変革は、社内のシステムを通じてほかの工場にも適用し使えるはずだ、という考え方だった。誰か一人の人間が――シングラーですらも――変革の原動力とは見られていなかった。その代わりに、各地の工場長が責任を持って改革に当たった。経営トップの役割は、単にボトムアップでの実験を促し、新しいアイデアをほかの従業員に広め、革新的な部署のマネジャーを遅れている部署に異動させるだけだった。

報酬制度

Eタイプ変革プログラムでのマネジャーに対する報酬は、主に金銭だ。たとえば、従業員給与は、ストックオプションを中心とする金銭的報酬にリンクしている。ダンラップ自身の報酬パッケージ――最終的に1億ドル以上となった――は株主の利益と密接にリンクしていた。この制度の提唱者たちは、金銭的報酬は、従業員の利益と株主の利益を間違いなく一致させると主張する。トップ経営陣は困難な仕事に立ち向かっているのだから――リストラでクビにした従業員や社会から非難されることも多いので――金銭的な報酬はその正当な対価なのだ、と実感できるという側面もあった。

チャンピオンが採用したOスタイルの報酬制度は、文化変革という目標を達成しようとの意欲を高めるのに一役買ったが、それを強制するものではなかった。スキルに基づく給与制度と全社的な利益分配システムが導入されて、労働組合員も経営陣も目標達成に向けたコミュニティを形成するようになった。金銭的報酬は、こうした制度を補うべく使われただけで、特定の改革を押し付けるものではなかった。チャンピオンは、会社の目標を達成するために全社的なボーナスを2年間にわたって提供したが、これは変革プロセスの終盤に導入されたもので、実際にこうした目標を達成するうえではさほど大きな役割を果たさなかった。

コンサルタントの活用

理論Eによる変革戦略は、外部コンサルタントに大きく依存しがちになる。ビジネスの状況を把握し、新しい運営方法を見つけるために、名門大学のMBAコースで教育を受け、最先端のアイデアで理論武装した特別チームが招聘される。コンサルタントは、CEOが緊急の課題や優先事項を明確に把握できるよう手助けをする。あるいは、CEOが金融市場からの集中砲火を浴びて、わらにもすがりたい時に、政治的、心理的な支援をしてくれる。スコット・ペーパーでは、ダンラップはコンサルタントを使うことで、痛みを伴うコスト削減分野の多くを確認しながら、一つひとつの施策を実施できた。

理論Oの変革プログラムの場合、コンサルタントに頼る度合いははるかに少ない。チャンピオンに招聘された数人のコンサルタントは、マネジャーや労働者自身がビジネスを分析し、自分なりの解決策を工夫できるようにアドバイスや助言を与えた。もちろん、コンサルタントたちにも自分の意見はあったが、会社の制度について何らかの推奨をすることも、解決策を提示することも、誰かを駆り立てて何かをさせることもなかった。ただ、当初には予測できなかったことが起きると、企業文化を変革するための発見と学びのプロセスに導いただけだ。

どちらの変革理論も、最も純粋な形では明らかに限界がある。困難なEスタイルの選択をしなければならないCEOは、無理からぬことではあるが、みずからの痛みと罪の意識を和らげるために、従業員から距離を取る。部下たちから離れると、CEOは従業員を問題の一部ととらえ始める。時間が経つうちに、リーダーたちはOスタイルの変革戦略を採用したくなくなってくる。社内の人材育成に資金を投じないので、必然的に社内が空洞化し、持続的なパフォーマンスを上げるための能力が次第に失われていく。たとえば、ダンラップはスコット・ペーパーの株主価値を3倍にした。しかし、競争優位を維持し続けるのに必要な能力――つまり、コミットメントや社内での協力態勢、円滑なコミュニケーション、そして創造性――を高めることはできなかった。1995年に、ダンラップはスコット・ペーパーを長年のライバル会社キンバリー・クラークに売却した。

理論Oを奉じるCEOは、従業員に対する誠実さと献身的な関与のおかげで、苦渋の決断をしなくて済む。生産性が上がれば企業の置かれた状況も改善するだろうという希望的観測から、苦い薬を飲むのをつい先延ばししたくなる。しかし、抜本的な構造改革が必要な時には、生産性の向上だけでは不十分だ。この現実は今日、グローバルな金融システムの中で実感されるようになった。企業の業績が発表されると、大手機関投資家にもすぐに情報が知れ渡り、しかも、各社のファンドマネジャーは、高パフォーマンスを上げるというとてつもない圧力にさらされているからだ。

チャンピオンについて考えてみよう。1997年頃には、同社は、ほぼどの業績指標で見ても業界トップクラスの地位に上り詰めていた。それでも、CEOに就任したばかりのリチャード・オールセンは厳しい現実を認めざるをえなかった。チャンピオンの株主たちは、10年以上にわたって同社の経済価値の大幅な拡大を見ていなかったからだ。実際、チャンピオンがフィンランドを拠点とするUPMキュンメネに最近売却された時の価格は、元々の株価の1・5倍にすぎなかった。

さまざまな矛盾や反対意見に対処する

一つ明らかにしておきたいのは、企業変革の目標が、環境変化に対応し、生き残り、長期にわたって繁栄できる会社をつくることであるなら、理論E戦略を何らかの形で理論O戦略と組み合わせる必要がある、ということだ。しかし、よほど慎重に取り組まないと、この融合は2つの戦略の悪い面だけが発揮され、どちらの恩恵もまったく得られなくなると見てよい。実際、筆者らが研究してきた企業変革のうち、理論Eと理論Oを強引かつ無計画に結合させた企業では、組織が動揺しただけで終わった事例が多かった。こうした企業の経営者は、いくらコストがかかっても、純粋な理論Eか純粋な理論Oのどちらかを選んだほうが企業変革はスムーズに進むと感じるだろう。ステークホルダーのうち、少なくとも誰かは利益を得ることになるはずだからだ。

両戦略の組み合わせで最もわかりやすい方法は、順番に実施することだ。これで大成功した会社はいくつもあるが、ここでは、ゼネラル・エレクトリック（GE）の例を紹介する。CEOのジャック・ウェルチが、まずEタイプのリストラクチャリングを実施して変革に着手した。彼は、GEの全部門が各業界のトップまたは第2位になるよう要求した。それを実現できなかった部門は是正措置が取られるか、売却されるか、閉鎖された。次に、GEという官僚組織を大胆に縮小した。1981年から85年までの間に、GEの社員数は41万2000人から29万9000人に減少した。本社スタッフは、企画部門と財務部門を中心に解雇された。この頃から、GEの人々はウェルチのことを「ニュートロン・ジャック」と呼ぶようになった。人々は殺傷するが建物は傷つけないよう設計された、あの中性子爆弾をもじったニックネームだ。しかし、彼は、いったん無駄を絞り切ると、今度は理論O戦略を採用し、1985年に、社内文化を変えるための一連の組織的な取り組みに乗り出した。「我が社から『境界』をなくすべきだ」と宣言して、全社の部門長は、公開の場で部下たちからの異議申し立てに応じなければならなくなった。フィードバックとオープンなコミュニケーションを進めていくうちに、階層構造は徐々に崩れていった。まもなく、ウェルチはGEのグローバルビジネスにもこの新秩序を採用した。

チャンピオンのような企業にとっては不幸なことだが、読者がもしこれから変革に着手するのであれば、ウェルチがそうしたように、理論Eから始めてその後理論Oに移るほうがずっと簡単だ。理論Oを導入してから理論Eを推進しても、まず成功しない。従業員の間に「裏切られた」という感覚が生まれるからだ。解雇や事業縮小といった、非常に過酷な施策を実施すると、企業が長年にわたって忍耐強く築き上げてきた心理的契約と企業文化にまったく影響が及ばないという状況は想像しにくい。しかし、順序がどうであれ、2つの戦略を順番に進めると必ずついて回る問題は、非常に時間がかかるということだ。GEの場合には20年近くかかった。

この変革には、対照的な経営スタイルと経営方針を持つCEO2人を、慎重に選択する必要があるかもしれない（その場合にも、もちろんそれなりの問題が生じる可能性はあるが）。企業変革に携わる経営者の大半がリストラをやり抜くことができないのは、みずからの柔軟性の欠如に加え、彼らの無慈悲なスタンスが従業員の間に不信感を生み、経営者がそれを払拭できない、といった理由等が考えられる。

大半のケースでは、どんな善意な意図で信頼と従業員の関与を立て直そうとしても、忌まわしい過去はなかなか克服できない。ウェルチは、例外中の例外なのだ。

それでは、我々凡人はどうすべきなのか。経済価値を急速に改善しながら、同時に、経営者と従業員が互いを信頼し、何でも率直に言い合える企業文化を醸成するにはどうすればよいのだろう。理論Eと理論Oの目標は互いに矛盾しているように見えるかもしれないが、筆者らの調査によると、この両戦略は同時に適用できる。もちろん、強い意志とスキル、そして知恵が必要だ。そして、2つを単に順番に導入するよりも難しい。しかし、だからこそ、持続的な競争優位の源になる可能性が高い。

ハード面からのアプローチとソフト面からのアプローチをうまく組み合わせている会社が、英国の食料品店チェーンのASDAだ。CEOのアーチー・ノーマンが1991年12月にCEOに就任した時、同社は倒産の危機に瀕していた。ノーマンは従業員を解雇し、組織をフラット化して赤字部門を売却した。通常であれば従業員の間に不信感が生まれ、従業員の心が経営陣から離れてしまうような措置だ。ところが、ノーマンがCEOだった8年間、ASDAは経営者と従業員が互いを信頼し、率直に物を言い合える企業としても知られるようになった。「ウォルマート・カルチャー」で有名なウォルマートの経営陣からは「当社よりもウォルマート的だ」と感心されたぐらいである。ASDAが理論Eと理論Oの対立点をどう解決したのか。企業変革の主な6側面に沿って見てみよう。

理論Eと理論Oの目標の間に横たわる葛藤に正面から向き合う

ノーマンは、ASDAの経営陣に対する最初のスピーチ（ノーマンは就任前に経営陣の誰とも会ったことがなかった）で、企業変革では理論Eと理論Oの両戦略を採用する意向を明確に示した。当時、ノーマンの話に耳を傾けた者たちが、彼の意図を完全に理解していたとは思えないが、企業を変えていくに当たり2つの戦略間に横たわるパラドックスの認識について、ノーマンが何の矛盾も感じていなかった点は重要だ。彼はスピーチでその意図を述べた。「当社の第一の目的は、株主の価値を高め、ビジネスをいつまでも継続し続けられる環境を確保することです。私は、魔法のような解決策を持ってこの場にいるわけではありません。今後数週間をかけて皆さんの声に耳を傾け、どこを目指すべきかについてのアイデアを固めていくつもりです。私たちは、相手の言うことに耳を傾け、互いに学び合い、素早く対応するといった共通のアイデアと目標の周辺に、一つの文化を、各店舗から本社に向かって築き上げる必要があります。もちろん、経営陣の再編も実施します。私の目的は、店舗重視のスタンスを明確化し、意思疎通の手順や時間を短くし、一つのチームを築くことです」。従業員が変革に積極的に関与する体制の構築と、株主価値を高めるためのリストラクチャリングの間に矛盾が生じたとしても、ノーマンはそれを受け入れた。

トップからの方向性の提示と下部組織にいる人々の関与

ノーマンは、就任初日から、組織下部からの参加をいっさい期待しない戦略を練り上げた。ASDAは「エブリデイ・ロー・プライス」（毎日が低価格）路線を採用すると宣言し、6カ月以内に2つの実験店舗の様式を稼働させて変革を始めると一方的に決定した。本社の権限を店舗に移すと決めて、次のように宣言した。「私は誰もが店舗に近づいてほしいのです。私たちは店舗を死ぬほど好きでなければなりません。それが私たちのビジネスです」。しかし、ノーマンの経営手法は、最初から理論Oの性質も帯びていた。最初のスピーチで次のように述べている。「第1に、私は率直な人間で、議論が好きです。第2に、私はさまざまな問題を皆さんの同僚として話し合いたいと考えます。皆さんの助言や反対意見を歓迎します」。ノーマンは、従業員や顧客の中にみずから飛び込んで、積極的に対話を行った。人々が自分の関心事やアイデアを表明できるように「アーチーに言おう」プログラムを立ち上げた。

自分とは正反対のリーダーシップスタイルに道を譲るのも、ノーマンの――そしてASDAの――成功にとって欠くべからざる要素だった。このスタンスは、彼がCEO就任直後にアーラン・レイトンを迎え入れた事実に最も明らかに表れている。レイトンは最終的に副CEOになった。ノーマンとレイトンは理論Eと理論Oの価値観を完全に共有したが、個性もリーダーシップのスタイルも正反対だった。

ノーマンは、冷静で控えめな性格で、強靱な知力――知性とビジネス感覚――で人々を印象付けた。レイトンは、ノーマンよりも情熱的で人間性を重視しており、自分の個性を活かして従業員の心に働きかけた。ある従業員の言葉を借りれば、「みんなアーチーのことを尊敬していますが、アランのことは愛しています」。ノーマンは「レイトンがいたからこそ、従業員たちは新生ASDAに本気で取り組むようになった」と誰よりも早く認めた。一人の人間が、正反対のリーダーシップスタイルを受け入れることは可能かもしれないが、非常に異なる個性を持った平等なパートナーをもう一人迎え入れるほうが簡単だ。ノーマンがレイトンの力を借りて企業変革に臨んだことは間違いない。2人は協力し合って、四半期に一度開催する部店長会議で彼らの意見に耳を傾けるだけでなく、即興の会話で場を盛り上げた。

組織のハード面とソフト面を同時に重視

ノーマンのCEO就任早々の行動は、経済価値を高める理論Eと、文化を変えようという理論Oの、どちらの目標も達成しようとしていた。理論E面では、組織構造の変革に特化した。まず、ピラミッド型の組織階層をなくし、それまでASDAの壊滅的な政策を担ってきた財務担当者をクビにし、経営から労働者までの全員を対象に賃金の凍結を決定した。しかし、ノーマンの計画では、最初から理論O戦略も同等の重要性を占めていた。

まず、業績回復には3年かかると発表して時間を稼いだ。のちに語ったところによると、ASDAでの最初の数カ月間は、75%の時間を人事担当ディレクターとして過ごし、組織からなるべく階層を減らし、平等主義を広げ、透明性を高めることに力を尽くした。ノーマンもレイトンも、従業員の心をつかむことの必要性をはっきりと自覚していた。ノーマンは従業員に向かって次のように説明した。「私たちは、ASDAをここで働くすべての人にとって『とびきりの場所』にする必要があります」

自発的行動に向けた計画

ASDAの改革では、教育研修や総合的品質管理プログラム、トップが主導する文化変容プログラムをほとんど採用せず、最初から、実験と進化を促す形で進んでいった。たとえば、学習を促すために、ASDAは実験店舗を1店舗設立し、それが後に3つの実店舗へと拡大した。実験店舗は「リスクフリーゾーン」、つまり失敗しても罰則はない店と宣言された。組織をまたいだタスクフォースがASDA全体の販売戦略、組織、経営構造を「一新」し、または「再設計」した。店長は、店のレイアウト、従業員の役割、提供商品の種類等々で実験をするよう奨励された。その結果、店舗運営のあらゆる側面で驚くほどのイノベーションが起こった。たとえば、ＡＳＤＡの経営陣は、店舗の運営側に新たなアイデアを受け入れる準備ができない限り、どの店のリニューアルもできなくなった。こうした試みを経て、「走行テスト」と呼ばれるイノベーションが始まった。店長の変革プロセスを率いるスキルが、目標とする変革に一致しているかどうかを評価する取り組みだ。このテストでは、理論Ｅと理論Ｏの融合が見事に実現している。つまり、社内の下部組織では理論Ｏタイプの活動が促され、マネジャーたちの行動には、理論Ｅタイプの雇用契約によって縛りがかけられた。テストで不合格のマネジャーは交代させられた。

変革を強制するのではなく、促す手段として金銭的報酬を利用する

理論Ｅと理論Ｏをどう融合するにせよ、報酬は両刃の剣だ。金銭的報酬はマネジャーたちの関心を引き、やる気を促すが、同時にチームワークやコミットメント、学習を妨げる可能性もある。このジレンマを解決するには、理論Ｅのインセンティブを理論Ｏ式に適用するという方法がある。「自分の会社を変えよう」という従業員のやる気を促すと同時に、そのやる気に報いる手段として変動給与を採用するのだ。ＡＳＤＡの経営幹部たちは、会社の時価総額に直結したストックオプションの形で報酬を受けた。この制度のおかげもあって、ＡＳＤＡは主要な役員を引き留めることができた。しかし、多くの理論Ｅ企業とは異なり、ＡＳＤＡは全従業員を対象にした持ち株制度を採用していた。さらに、店舗従業員たちも、会社と自分が働く店の業績に応じた変動給与を得ていた。最終的に、同社の報酬体系は、会社と各従業員との間で公平な価値の交換を実現した。しかし、ノーマンは会社の変革を推し進めるうえで、

報酬体系が主な役割を果たしたとは考えていなかった。

従業員の自立を促す専門家としてコンサルタントを使う

コンサルタントは、会社が持っていない専門知識と技術スキルを提供できる存在で、特に組織変革の初期段階に力を発揮する。経営陣の仕事は、変革努力の主導権を握りながらこうした人材をどう利用できるのかを見極めることだ。ASDAは理論Eと理論Oの折衷戦略を導入した。初期の段階では4社のコンサルティング会社を限定的に利用した。コンサルティング会社は、常に経営陣に伴走しながら、彼らが指導力を発揮できるよう助言を行った。しかし、ASDAと同社のマネジャーたちがコンサルタントに依存しないよう、コンサルタント会社との契約はノーマンによって意図的に打ち切られた。たとえば、当初は、店舗組織の専門家が雇われ、タスクフォースを支えてASDAが開設した最初の実験店舗のリニューアルに当たったが、その後コンサルタントには声がかからなかった。

理論Eと理論Oを同時に採用すると一見矛盾が生じる。ノーマンとレイトンはその事実を受け入れたうえで、株主と従業員に有利な形でASDAを変えることに成功した。同社は人事異動、部門売却、階層構造といった大変革をすべてやり切った。場合によっては会社を破壊しかねないこうした施策に対して、ASDAの従業員たちが変革と新たな企業文化の構築に真剣に取り組んだのは、ノーマンとレイトンが常に従業員の声に耳を傾け、討論し、学ぼうという姿勢を示して、彼らの信頼を勝ち得ていたからだ。変革の目的を当初から率直に打ち出して、2つの変革理論の間に横たわる対立点を調整した。

1999年頃には、同社の株主価値は8倍になっていた。ノーマンとレイトンが築いた組織力もAS

DAには持続的な競争優位となった。これほどの力をダンラップはスコット・ペーパーではつくれなかったし、シグラーはチャンピオンで実現できなかった。ダンラップは、士気が低下し、非効率になった会社をキンバリー・クラークに売却せざるをえず、そして業績低迷の続いたチャンピオンをUPMキュンメネに売却したのに対し、ノーマンとレイトンは、1999年6月に、友好的で、ASDAと似た企業文化を持つウォルマートという買い手を見つけた。ウォルマートはASDAがそれまでに必死になって築いてきた組織力に対し、大幅なプレミアムを喜んで支払った。

結局、理論Eと理論Oの統合が、ASDAにとって大きな変革と大きな成果をもたらした。現在の経済で持続的な優位性を確保したいと考えるほかの組織も、同社と同じような成果を得ることができる。しかし、そうした優位性は、株主価値を監視しながら、長期にわたって組織を発展させようという意思と能力を持ち続けてこそ——つまり理論Eと理論Oを終わることのない舞踏曲に乗せていつまでも踊らせ続けてこそ可能なのだ。

ニューエコノミーにおける変革理論

従来、企業変革に関する研究の対象は、競争力の低下を反転させる必要に迫られた、成熟した大企業に限定されていた。しかし、本論文で考察した議論は、急成長に伴うさまざまな課題に対処しなければならない、企業家精神にあふれた企業にも当てはまる。ここでも、理論Eと理論Oを組み合わせた戦略が最も成功するはずだ。

変革の仕方が2つあるのと同様、企業にも2つのタイプがある。一つは、理論Eに似たイデオロギーを受け入れるグループだ。このグループは、自社の市場価値を最大化して、IPO（新規株式公開）や既存企業による買収などで事業全体を売却して現金化すること（エグジット）を、唯一かつ決定的な目的としている。このタイプの企業家たちは、会社の戦略、構造、制度をつくり上げて、市場で力強い存在感をなるべく早く示すことを重視する。そうした企業を率いるのはたいてい、強烈なトップダウンの経営スタイルを用いる活発で機知に富んだリーダーだ。ストックオプションのような強力なインセンティブ制度を使って社員たちを巻き込もうとする。目標は手っ取り早く金持ちになることだ。

一方、理論Oに近いイデオロギーで会社をつくろうとする企業家たちもいる。彼らにとっては、財産を築くことは重要だが、確固たる価値観に基づき、強力な文化を確立した会社をつくることに比べれば二の次だ。全員参加を促す平等主義的なスタイルを旨とし、自分たちの大義への情熱を共有する人々を引き付けようとする――もちろん、気前のよいストックオプション制度も提供する。ただし目標は、単に金を稼ぐことではなく、世の中を変えることだ。

理論E的な世界観で動いている企業家に対する批判は多い。しかし、理論Oに没頭して高い理想を追い求め、市場の現実に目を向けず、あげくの果てに会社を潰してしまった企業家がいることも忘れてはならない。スティーブ・ジョブズがつくったベンチャー企業、ネクストがよい例だ。どちらのタイプの企業家も、大企業と同じように、理論Eと理論Oの特質を利用する何らかの方法を見つけなければならないのだ。

第 **9** 章

DICE：変革プロジェクトの管理法

ボストン コンサルティング グループ シニアバイスプレジデント
ハロルド L. サーキン
ボストン コンサルティング グループ シニアバイスプレジデント
ペリー・キーナン
ボストン コンサルティング グループ シニアバイスプレジデント
アラン・ジャクソン

"The Hard Side of Change Management"
Harvard Business Review, December 2005.
邦訳「DICE：変革プロジェクトの管理法」
『DIAMONDハーバード・ビジネス・レビュー』2006年12月号

ハロルド L. サーキン
（Harold L. Sirkin）
ボストン コンサルティング グループのシニアバイスプレジデント兼グローバル・オペレーションズ・プラクティス・リーダー。

ペリー・キーナン
（Perry Keenan）
ボストン コンサルティング グループのシニアバイスプレジデント兼グローバル・トピック・リーダー・フォー・リゴラス・プログラム・マネジメント。

アラン・ジャクソン
（Alan Jackson）
ボストン コンサルティング グループのシニアバイスプレジデント。

時間、社員数、財務面の障害を把握する

「物事は変化すればするほど不変となる」。これは、フランスの作家、ジャン＝バチスト・アルフォンス・カールが残した言葉である。これは、あたかも変革マネジメントに警鐘を鳴らしているかのようだ。

企業変革の難しさを知る研究者や経営者、コンサルタントが、この課題に取り組み始めて30年以上が過ぎた。その間、たとえば、変革のビジョンを掲げ、これを実践する経営者を称賛する、企業風土の改革と社員の意識改革を重視する、トップダウン型の変革プロジェクトと草の根型の変革手法の間に生じるギャップを埋めるといったことがなされてきた。

挙げ句の果てに提唱されたのが、社員の感情と理性に訴える社内キャンペーンである。にもかかわらず、「変革プロジェクトの3分の2は失敗する」という状況がいまなお続いている。やはり「物事は変化すればするほど不変」なのだ。

言うまでもなく、企業変革は一筋縄ではない。その問題の一端は、変革プロジェクトを大きく左右する要因を絞り込もうにも、社内の意見が食い違っていることだ。また、名経営者たちに変革プロジェクトの成功要因について尋ねてみても、おそらくその答えは十人十色であろう。なぜなら、視点や経験は一人ひとり異なるため、したがって成功要因も違ってくるからだ。

専門家たちの見方もまた、千差万別である。２００５年8月時点で、企業変革に関する書籍をアマゾ

ン・ドットコムで検索したところ、6153点がヒットした。ところが、これらの中身もまったくてんでばらばらだった。

いずれも何らかの参考になるだろうが、すべてを真に受けると、さまざまな課題に同時に取り組まなければならず、経営資源やスキルが分散してしまう。ひいては、組織の随所で無手勝流の改革が進んでいくはめになろう。企業変革に混乱は付き物とはいえ、これでは社内の収拾がつかなくなる。

近年、企業変革に一家言ある人たちは、企業文化、リーダーシップ、社員のモチベーションなど、ソフト面に目を向けている。たしかにこれらもKFSといえるが、企業変革をみごと成功させるには、ソフト面のマネジメントだけでは不十分である。

また、これらのソフト要因は、必ずしも変革プロジェクトの成否に直接影響を及ぼすとは限らない。たとえば、洞察力あふれるリーダーシップが不可欠であることは間違いないが、やはり例外もある。社員とのコミュニケーションも同様である。

しかもマインドセットや人間関係といったものは、組織や人間に深く根差しているため、そう簡単に変えることはできない。また、企業文化やモチベーションの変化は観察やインタビューによって間接的に評価できるが、信頼に足るデータを得ることは難しい。

むしろ筆者らは、企業変革において、比較的地味なハード面がなおざりにされていると見ている。ハード要因には、次の3つの特徴がある。

●直接的または間接的に測定可能である。

●その重要性は、社内外を問わず、理解しやすい。
●すぐに着手できる。

変革プロジェクトに影響を及ぼすハード要因としては、プロジェクトに要する時間、社員数、財務業績などがある。筆者らの調査によれば、ハード要因を無視して変革プロジェクトを進めても、なかなか軌道に乗らなかった。

だからといって、ソフト要因を無視してよいわけではない。それはそれで、また重大な過ちである。とはいえ、まずハード要因を押さえなければ、ソフト要因に手をつける前に変革プロジェクトは頓挫してしまうことだろう。

この教訓は、企業変革の共通項を調査する中で得られたものだ。本調査に着手した1992年、筆者らは当時の常識に反して、「企業変革手法には類似性が存在する」という仮説を立てた。そして、共通項を抽出するために、さまざまな業界や国における変革プロジェクトを調査した。

225社を調査した段階で、変革プロジェクトの成否は、次の4要因と密接な相関関係にあることが判明した。

❶プロジェクトの「期間」(duration)。特に進捗状況の評価期間の長さが重要である。
❷プロジェクトチームにおける「遂行能力の十分性」(integrity)。
❸経営陣ならびに変革の影響を最も強く受ける社員の「意欲」(commitment)。

❹変革プロジェクトによって増加する業務上の「負荷」(effort)。

我々はこれらを「DICE《ダイス》」と呼んでいる。このフレームワークを用いると、プロジェクトに工夫を施しやすい(**図表9-1**「4つの要因が変革の成否を分ける」を参照)。

この調査は1994年に完了した。その後11年間、ボストン コンサルティング グループはこれら4要因によって、世界中で1000件を超す変革プロジェクトの結果を予測したうえで、その実施を指導してきた。その間、その相関性もさることながら、これほど的確に結果を予測できるものは、ほかに存在しなかった。

変革プロジェクトの成功確率を予測する

変革プロジェクトは、先の4要因の組み合わせによって、その成否が決まる。たとえば、経営陣の支持の下、スキルも意欲も、そして結束力も申し分のないプロジェクトチームが旗振り役を務め、改革に前向きで、増加する業務量も少ない部門が実施する短期プロジェクトがあったとしよう。この場合、間違いなく成功する。

その対極にあるのは、変革を支援する担当役員がいないまま、スキルにも熱意にも結束力にも欠けるプロジェクトチームが、変革に後ろ向きの部門に大量の追加業務を押し付けながら進める長期プロジェ

図表**9-1**｜**4つの要因が変革の成否を分ける**

変革プロジェクトの成否は、4つの要因によって決まる。

D	**Duration** **期間**	短期の変革プロジェクトの場合は開始から完了までの期間。中長期の場合は、マイルストーンの進捗を評価する間隔。
I	**Integrity** **遂行能力の十分性**	変革プロジェクトを計画通りに遂行する能力。 プロジェクトの要求水準に対するメンバーのスキルと特性によって決まる。
C	**Commitment** **意欲**	経営陣（C_1）の意気込み、そして変革プロジェクトに関わる社員（C_2）の意欲。
E	**Effort** **負荷**	変革プロジェクトによって、日常業務のほかに社員に追加される負荷。

クトである。これは確実に失敗する。

変革プロジェクトが短期か長期のいずれかであれば、その成敗はわかりやすい。しかし、大半はその中間に位置するため、成功確率を予測するのは一筋縄にいかない。したがって、担当役員と推進役を務めるプロジェクトチームはこれら4要因を慎重に分析し、変革プロジェクトの成否を見極めなければならない。

1　期間

変革プロジェクトに要する時間ばかりに気を取られていると、たいていミスを犯す。というのも、プロジェクトが長ければ長いほど、失敗しやすいと思い込んでしまうからだ。当初の勢いは次第に衰え、改革のチャンスはしぼんでいき、目標は忘れ去られ、キーパーソンが脱落するか、熱意を喪失し、問題が積み上がっていく――。

ところが、筆者らの調査によれば、進捗状況を頻繁に評価している長期プロジェクトのほうが、これをおざなりにしている短期プロジェクトよりも成功確率が高いことが判明している。つまり、プロジェクトの長さよりも進捗状況の評価期間の長さ（あるいは頻度）のほうが成功要因として重要なのだ。

進捗評価の間隔が8週間を超えると、プロジェクトに問題が生じる可能性が高くなる。このことから、プロジェクトの進捗評価は最低でも2カ月に1度は実施されるべきである。

進捗状況の評価頻度を増やすかどうかは、変革プロジェクトに必要な期間をどのように判断するかによる。複雑なプロジェクトの場合、最低でも2週間に1度は評価すべきだが、手慣れたものや単純なものならば、6〜8週間くらいの間隔でよいだろう。

執行役員がプロジェクトの進捗状況を評価し、まだ目標に届いていない項目や新たなリスクを発見するには、事前にマイルストーンを設定し、これを評価するのが最善の方法である。実際、変革に関する日々の活動よりも、このマイルストーン管理のほうが効果を発揮する。もちろんそれは、執行役員をはじめ、プロジェクトリーダーが進捗状況を確認できるものでなければならない。

適切なマイルストーンとは、課題が完全に解決されたことが確認できるものをいう。たとえば「ステークホルダーと調整する」という課題は「ステークホルダーとの調整完了」と設定する。こうすれば、一定の成果とプロジェクトの前進を明示するだけでなく、ステークホルダーを特定し、そのニーズを洗い出し、プロジェクトについて説明するという複数の活動が完了したことがはっきりする。

計画通りにはいきそうにないマイルストーンが設定されている場合、プロジェクトチームはその原因を把握して、何らかの是正措置を講じなければならない。同時に、そこでの経験によって再発を防止する術を習得することを忘れてはならない。

このように設定された「ラーニング・マイルストーン」は、単に結果だけを評価すればよいというものではない。進捗状況を評価するとは、担当役員とプロジェクトチームが共同で、あらゆる角度からその成果を検討することにほかならない。

まずチームはプロジェクトの進捗を簡潔に報告し、担当役員とともにマイルストーンの達成と課題の完了を確認する。そして、マイルストーンの達成によってどのような成果がもたらされたか、マイルストーンを達成するうえで直面した課題について議論したか、マイルストーンの達成が次の段階でどのように影響するかについて判断する。

また、弱点を矯正する権限を持ち、場合によっては、手順の変更、経営資源のさらなる投入を指示するほか、新たな方針を提示する。担当役員はこれらを検討する場で、チーム内の力関係、プロジェクトに関する社内の意識変化、経営陣からのメッセージについて十分注意を払うのだ。

2　遂行能力の十分性

遂行能力の十分性とは、ミドルマネジャーやジュニアマネジャー、そして社員たちで構成されるプロジェクトチームが、変革プロジェクトに果たしうる力量を示すものである。

いかなる変革プロジェクトも成功することが理想だが、その期待に応えられる優秀な社員を大勢抱えている企業は少ない。加えて、日常業務を犠牲にしてまで、変革プロジェクトに選り抜きの部下を差し出す部門長などめったにない。

しかし、プロジェクトチームにおける遂行能力の十分性が変革プロジェクトの成否を決める以上、日常業務に支障を来さぬように配慮しつつ、最も優秀な人材を配置することが欠かせない。また変革プロジェクトが成功する企業では、日常業務がおろそかにされることはない。

プロジェクトチームは、広範囲にわたる業務、資源配分、プレッシャー、外部環境、予期せぬ障害に対処することとなろう。したがってチームには、結束力とプロジェクトマネジメントスキルが欠かせない。担当役員は、休憩中の社員たちにチームの仕事ぶりを尋ねる程度では不十分で、メンバーの役割、意欲、責任を具体的に把握しなければならない。

チームリーダーはもちろんのこと、メンバーの選出は最も重要である。賢い担当役員は、大勢の候補者の中からメンバーを選抜する。人事部長など目先の利く人物に選考基準をクリアできそうな候補者を挙げてもらい、全部門の優秀者の中から適材を見分けるのだ。その際、自薦も受け付けるが、プロジェクトの賛同者ばかりが集まらないように注意する。

スキルと知識、人脈が揃えたチームを編成できるように、執行役員はみずから面接に臨むほか、候補者たちをプロジェクトの専任とするか否かを決定する。専任としない場合には、特定の曜日あるいは特定の時間帯をプロジェクトに充てるように依頼する。

また、チームの業績評価項目とその結果を通常の人事査定に組み込む方法を公開する。変革プロジェクトの開始後、担当役員はメンバーの意見に耳を傾け、チームの結束力を握るように努める。

優秀で人望の厚い管理職がチームリーダーにふさわしいと、はなから決めてかかり、失敗してしまう経営陣が実に多い。そう考えるのはもっともだが、優秀な管理職が企業変革の適任者であるとは限らない。

優れたチームリーダーの条件は6つある。

- ●問題解決力
- ●成果重視の姿勢
- ●柔軟かつ論理的な手法
- ●組織運営能力
- ●決断力と責任感
- ●謙虚さと積極性

これら6つの評価基準は、過去10年間に2つの大規模な変革プロジェクトを成功に導いたCEOが担当役員に、プロジェクトチームの候補者の力量を尋ねる際に用いたものである。この結果、CEOは候補者3人中1人を不合格とし、チームメンバーを確定した。

3 意欲

変革プロジェクトを成功させるには、2つの社員層の関心を高めなければならない。1つ目は、CEOと同等の影響力を持つ経営陣（C_1とする）からの支援を取り付けることである。第2に、業務の上で、新しいシステムや手順や方式に対応しなければならない社員（C_2とする）の熱意——往々にして熱意の欠如——にも配慮しなければならない。

経営陣の意欲なしに、現場の意欲を引き出すことはできない。経営陣が支持しないプロジェクトに社員が関心を示すはずがない。したがって、経営陣の支援は強力であればあるほどよい。

1999年、調査に協力してくれた、ある消費財メーカーのCEOの例を紹介しよう。このCEOは当時、あるプロジェクトに手を焼いていた。彼はプロジェクトの支持を訴えるため、ありとあらゆる手段を講じていた。

ところがラインマネジャーたちは、CEOみずからプロジェクトを後押ししているとは認識しておらず、プロジェクトを成功させたいなら、CEOはもっとはっきりメッセージを発しなければならないと感じていた。

つまるところ、「経営陣が変革プロジェクトを全面支援すると訴えたいのであれば、これで十分だろうというレベルの3倍強いメッセージを訴えて、初めてその本意が管理職たちに伝わる」という教訓を得たのだった。

なかには変革プロジェクトへの後押しを躊躇する経営陣もいる。それも無理からぬことで、社員の雇用や生活に累が及ぶようなプロジェクトが大半だからである。しかし、経営陣が変革の必要性と社員にとっての意義を説かない限り、プロジェクトの成功はおぼつかない。

たとえば、ある金融サービス企業が、一連の業務プロセスにかかる時間を短縮し、ミスとコストを減らすプロジェクトを実施したが、レイオフを伴うという理由から経営陣はあまり乗り気でなかった。しかも、有能な人材を育て、終身雇用することを誇りにしていたため、レイオフを敢行することはまさに断腸の思いだった。

しかしCEOは、このプロジェクトを予定通り完了するには、レイオフは避けて通れないと覚悟していた。そこで彼は、レイオフやその時期、今後の雇用への影響などについて説明するために、説明会や協議の場を設けるようにベテラン幹部に指示した。

さらに、人望の高い管理職を抜擢し、変革プロジェクトの責任者に命じた。これらの措置を通じて、専門的かつ温情的にレイオフに取り組むという姿勢を示したことで、社員たちの不安を抑えることができた。

管理職と社員が変革に果たす役割を過小評価する企業も多い。経営陣が社員とのコミュニケーションを怠ったり、そこに一貫性が欠けていたりすると、変革の影響を最も強く受ける層から背を向けられてしまう。

経営陣がよかれと思ったことが社員たちには不評だったり、一点の曇りもないメッセージを発したつもりが誤解されたりすることもある。それは、経営陣の間で微妙な認識の違いがあるためだ。

たとえば、ある企業でDICEを採用したところ、社員たちはプロジェクトに後ろ向きであるという結果が出た。シニアマネジャーの一人が「レイオフはしない」と明言した一方で、別のシニアマネジャーが「レイオフはしない見通しである」と語ったことで、社内は混乱し、不信感を招くことになった。

実は、企業組織には、社員の支持を獲得する力が想像以上に備わっている。社内でコミュニケーションが活発化すれば、社員たちは創造力の源泉に変わりうる。たとえば1990年代、米国のある大手エネルギー会社では、ミドルマネジャー、現場主任、従業員が揃って生産性改善プロジェクトに反旗を翻した。試行錯誤の末、経営陣たちは窮余の一策としてミドルマネジャーたちと一対一で話し合い、説得に努めた。
そこで話された内容は、プロジェクトの目標、従業員たちへの影響、そしてこの改革なくして企業の存続はないことに絞られた。この腹を割った話し合いがプロジェクトにはずみをつけ、これを契機にプロジェクトは息を吹き返し、みごと成功を収めた。

4 負荷

いざ変革に着手する段になって、社員たちは日常業務で手一杯にもかかわらず、その実態を認識しないばかりか、何の対策も講じない企業がまことに多い。調べてみると、多くの社員の労働時間は週80時間以上にも及ぶ。このような状況を放置したまま、現場の管理職と社員たちが業務改善やシステム変更を強いられるとすれば、反発は必至である。

プロジェクトチームは、新しい業務プロセスへの移行に伴い、メンバーたちに上乗せされる業務量を測定しておかなければならない。各メンバーの業務量の増加分が現行業務の10%を超えないことが望ましい。

10%を超えると、プロジェクトに問題が生じやすい。メンバーへの負荷が限界を超え、プロジェクトか通常業務のどちらかでトラブルが発生する。こうなると、社員の士気にも悪影響が及び、最悪、プロジェクトチームとライン部門の間に軋轢が生じることにもなりかねない。

このような事態を回避するために、プロジェクトリーダーは、新しい業務プロセスを習得しなければならない社員の立場に身を置いて、「業務負荷の増加率」など、わかりやすい指標を採用すべきである。

メンバーには、現行業務に加えてプロジェクト業務の負荷がかかるのか、また貴重な時間を奪われ、プロジェクトに身が入らなくなるのかなどについて、確認しておくべきだろう。

チーム以外のキーパーソンたちについても、通常業務の負担を減らす手立てを講じるべきだ。手始めに、不急の業務や重要度が低い業務を移行する。そして、事業計画上のプロジェクトについて残らず再検討し、変革に不可欠なものに絞り込む。

ある企業では、ラインマネジャーたちが最優先プロジェクトに集中できるように、プロジェクト運営委員会が、250件のサブプロジェクトのうち120件についてその延長や再検討を決定した。

プレッシャーを減らすには、改革が完了するまで、元社員などを嘱託として再雇用し日常業務を任せるほか、現行業務の処理をアウトソーシングするという手もある。日常業務の移管やプロジェクトの延期にはコストも時間もかかるため、変革プロジェクトを開始する前に、一連の課題を徹底的に検討することを忘れてはならない。

変革プロジェクトの定量評価システム

以上のように、4つのハード要因を十分踏まえたうえで、変革プロジェクトを評価し、成功確率を向上させるDICEというフレームワークを考案した。これは変革プロジェクトの変数を考慮した採点システムであり、その変数と4つのハード要因は密接に関係している。DICEに基づいてプロジェクトを採点・評価できる（**図表9-2**「DICEスコアの算出方法」を参照）。

この採点システムは主観に頼らざるをえないものだが、意思決定に客観的な視点をもたらす。各プロジェクトを評価する際、プロジェクト間でトレードオフを解消する際も、DICEを用いれば整合性を図ることができる。プロジェクトの開始直後でも、過去のプロジェクトのDICEスコアやその成否と比較することで、現在進行中のプロジェクトの成否を見極めることも可能である。

225件のプロジェクトのデータベースからDICEスコアを抽出し、その成否を比較してみると、変革プロジェクトは3つの領域に分類できる（**図表9-3**「DICEで変革プロジェクトを評価する」を参照）。

❶成功ゾーン：DICEスコアがこの範囲にあるプロジェクトは統計的に成功確率が高い。
❷心配ゾーン：ここに該当するプロジェクトの結果を予測するのが難しい。
❸苦悩ゾーン：完全に予測不可能であるか、または平凡な結果や失敗に終わる。

プロジェクトのDICEスコアを継続的に計算し、またプロジェクトの前と後のDICEスコアを比較することで、プロジェクトの進捗状況を追跡できる。DICEスコアは、特定のプロジェクトないしはプロジェクト群の成功確率を予測するうえでも利用価値が大きい。

1994年、オーストラリアのある大手銀行がバックオフィス業務を改革した例で説明しよう。同行の経営陣たちは改革の意義については合意していたが、その実現性についての見解が分かれた。という

現場レベルの意欲［C_2］　Commitment

【設問】

- 変革による影響を最も強く受ける社員たちが、その意義と価値を理解しているか。
- 社員たちは熱意を持って参加しているか。それとも不安を感じて抵抗しているか。

【採点】

社員たちが熱意を持って変革プロジェクトに取り組んでいれば1点。異存がない程度の参加ならば2点。嫌々参加する、あるいは抵抗している場合は3点か4点とすべきである。

負荷［E］　Effort

【設問】

- 変革プロジェクトによって増加する業務量はどれくらいか。
- 業務量が増える前の時点で、すでに業務過剰になっていないか。
- 業務量が増えることに社内から強い抵抗があるか。

【採点】

変革プロジェクトによる業務量の増加が10％未満であれば1点、10～20％ならば2点、20～40％ならば3点とする。40％を超える場合は4点とする。

以上4つの要素の採点によってプロジェクトのスコアが算出される。変革プロジェクトに関する筆者らのデータベースを用いて回帰分析をしたところ、チームの十分性（I）と経営陣の意欲（C_1）のウェイトを2倍に設定した組み合わせが、プロジェクトの実際の結果と最も密接な相関関係を示した。

$$\text{DICEスコア} = D + (2 \times I) + (2 \times C_1) + C_2 + E$$

1～4点をつけるため、総合点は7～28点の範囲となる。ある変革プロジェクトのスコアを過去のプロジェクトと比較することで、その成功確率が予測できる。データでは、以下のように明確な区分が示された。

7点以上14点未満：プロジェクトの成功確率は極めて高い。筆者らはこれを「成功ゾーン」と呼ぶ。

14点以上17点未満：プロジェクト失敗の可能性が高まる。特に、スコアが17点に近づくほどその傾向が強い。これを「心配ゾーン」と呼ぶ。

17点以上：プロジェクト失敗の可能性が極めて高い。スコアが17点を超え、19点未満であれば、失敗に向かっているといえる。19点を超えると、まず成功は望めない。これを「苦悩ゾーン」と呼ぶ。

ゾーンの境界線は、これまでたびたび変更されてきた。たとえば、当初は14～21点の間が心配ゾーンであり、苦悩ゾーンは21～28点の範囲だった。しかし筆者らは、プロジェクトの結果が予測不可能（17～20点）になった時点で、プロジェクトチームは警告を望んでいることに気づいた。そこで、心配ゾーンを圧縮し、苦悩ゾーンを拡大した。　（p.234に続く）

図表9-2｜DICEスコアの算出方法

DICEを使って4つの要因、すなわち「期間」「遂行能力の十分性」「意欲」「負荷」を採点することで、変革プロジェクトの成否を見極めることができる。各要因の採点は1〜4点とする。もちろん、整数以外でもよい。点数が低いほど、プロジェクトの成功確率が高いことを示している。つまり、ある要因がプロジェクトの成功に寄与する可能性が非常に高い場合は1点、逆にその可能性が非常に低い場合は4点となる。その際、以下に掲げる設問と採点方針が役に立つだろう。

期間［D］　Duration

【設問】
- プロジェクトの進捗状況を定期的に評価しているか。
- プロジェクトが2カ月以上に及ぶ場合、進捗状況の評価期間は平均してどれくらいか。

【採点】

プロジェクトの評価期間の間隔が2カ月未満であれば、プロジェクトの点数は1点。2〜4カ月の間であれば2点。4〜8カ月の間であれば3点。8カ月を超える場合は4点とする。

遂行能力の十分性［I］　Integrity

【設問】
- チームリーダーは優秀か。
- チームメンバーのスキルや意欲はどれくらいか。
- メンバーたちは、変革プロジェクトに十分な時間を割いているか。

【採点】

以下の条件をすべて満たしている場合は1点とする。逆に、すべて欠けている場合は4点とする。また、チームの能力がその間のどこかに位置するならば、2点もしくは3点となる。


「プロジェクトチームのリーダーは優秀で、同僚からの人望も厚い」

「プロジェクトを所定期間内に遂行できるだけのスキルと意欲がメンバーに備わっている」

「チームメンバーは労働時間の50％以上をプロジェクトに割いている」

経営陣の意欲［C_1］　Commitment

【設問】
- 経営陣が変革の理由とその意義を繰り返し説明しているか。
- 経営陣のメッセージには説得力があるか。
- 経営陣の間で、また継続性という観点から、メッセージに十分性があるか。
- 経営陣は、変革プロジェクトに十分な経営資源を振り向けているか。

【採点】

経営陣が終始一貫して変革の必要性を明確に説明している場合は1点。あやふやな言動が見られる場合は2点もしくは3点。経営陣がプロジェクトの支援を渋っていると管理職たちが感じているようならば4点とする。

（p.232、図表9-2の続き）

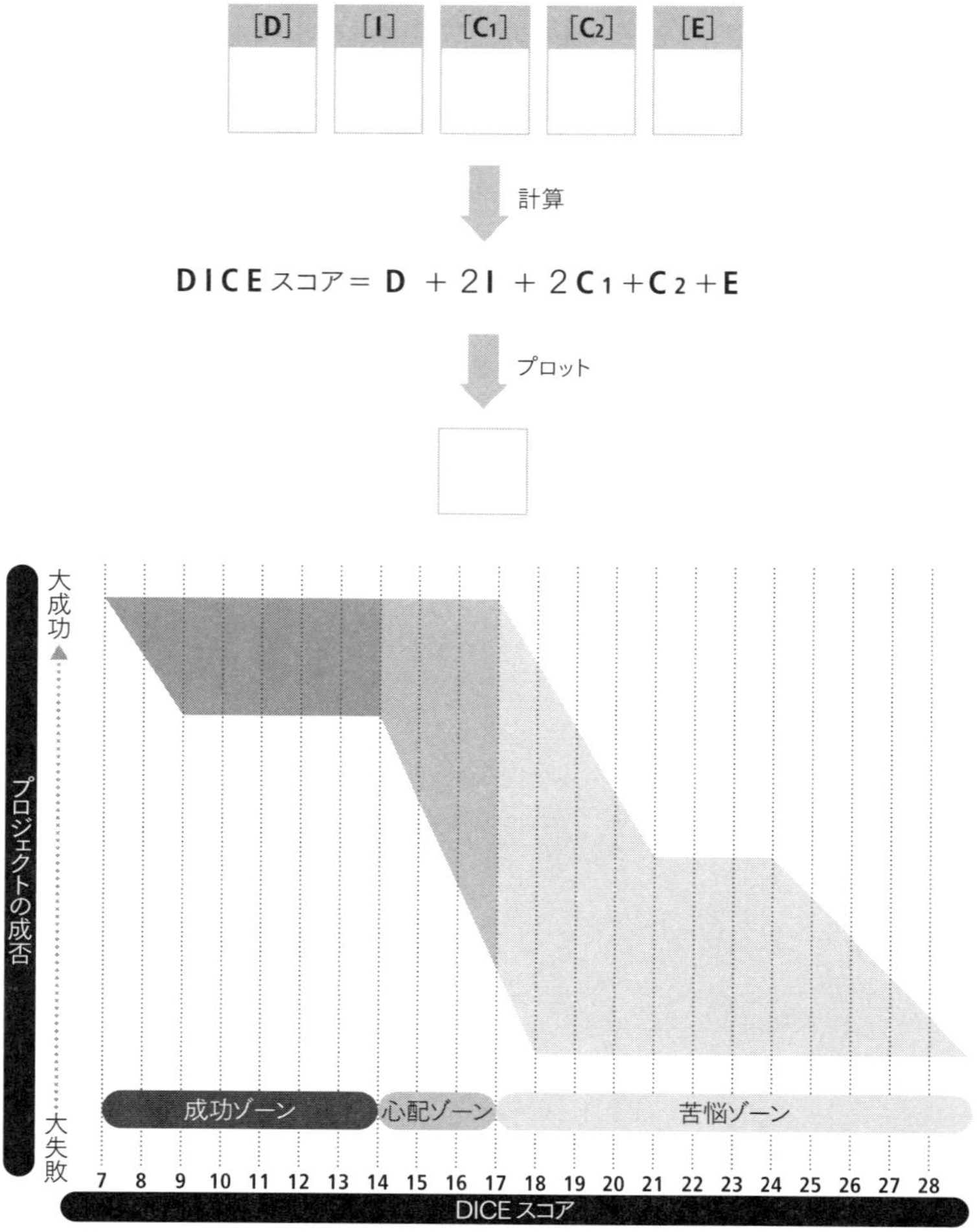

図表**9-3**｜**DICEで変革プロジェクトを評価する**

225件の変革プロジェクトについて、横軸に「DICEスコア」、縦軸に「プロジェクトの成否」を取ってプロットすると、3通りの相関関係が見て取れた。DICEスコアが7点以上14点未満のプロジェクトはおおむね成功していた。14点以上17点未満のプロジェクトは予測不可能で、17点以上のものはほぼ失敗していた。筆者らはこれら3つのゾーンを、それぞれ「成功ゾーン」「心配ゾーン」「苦悩ゾーン」と呼んでいる。なおグラフ中の数字は、各DICEスコアに該当するプロジェクトの件数を示している。

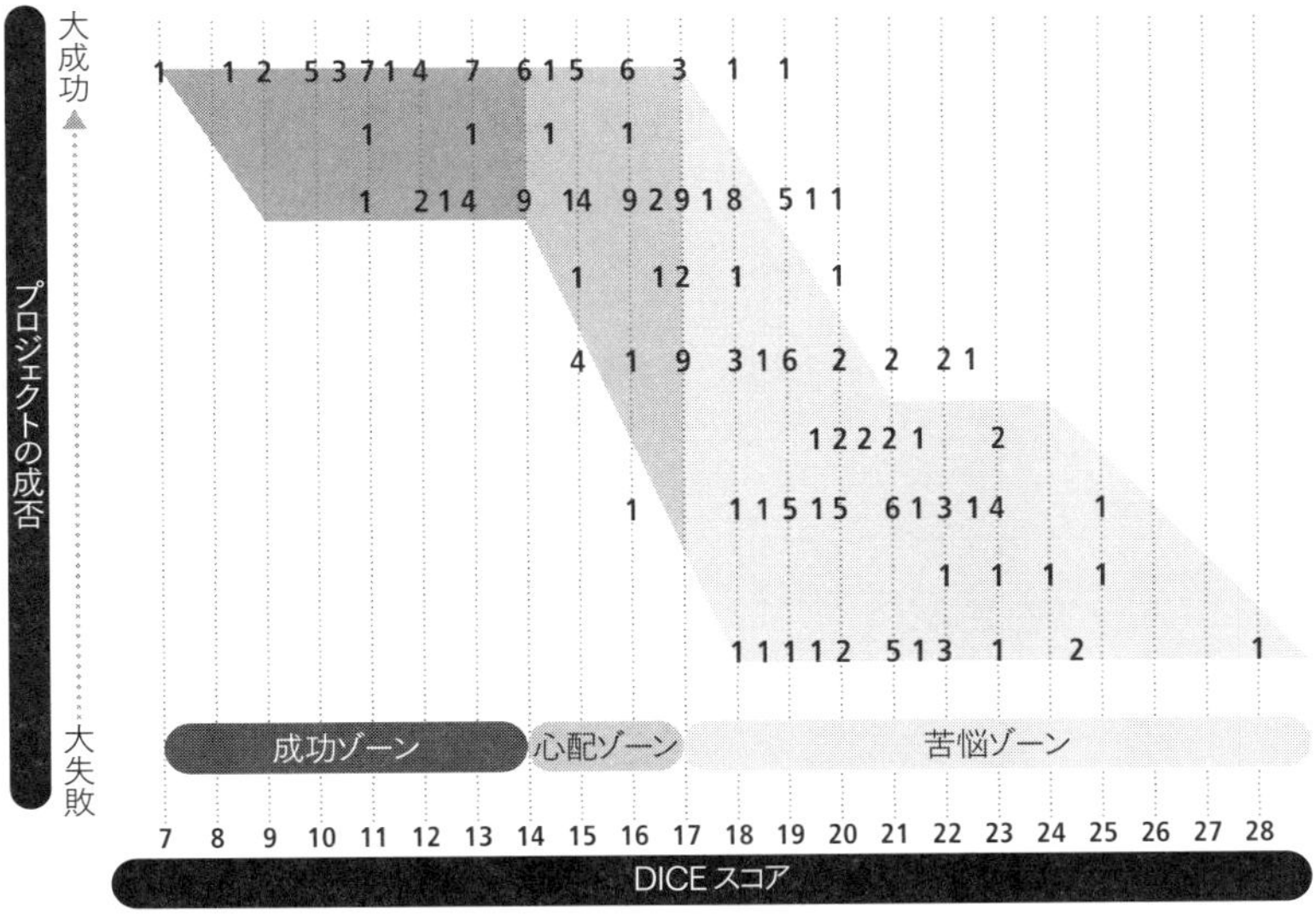

のも、業務プロセスと組織構造に大鉈を振るわなければならなかったからだ。

見解の相違を埋めるために、プロジェクトチームと経営陣が一堂に会する会議を設定したが、全員が多忙ゆえに実現しなかった。そこでチームメンバーは、DICEを用いてプロジェクトを分析した。この作業のおかげで、うまくいっても2日はかかるであろう議論を、効率よく2時間で済ませることができた。

議題を先の4要素に絞り込んだことで、プロジェクトの長所と短所が浮き彫りになった。たとえば、経営陣はリストラに8カ月を要すると予測していたが、マイルストーンと進捗状況の評価基準がずさんであることが発覚した。プロジェクトチームは優秀であり、また経営陣の意欲も妥当な水準だったとはいえ、まだまだ改善の余地が残されていたのだった。

また、バックオフィス部門では2割強の行員たちが解雇されると予想されたため、行員たちは変革に反旗を翻した。しかも、プロジェクトの実施によって、同部門の行員は既存業務に加えて10～20％ほど業務量が増えると予想された。DICEスコアで言えば、すなわち「苦悩ゾーン」にあった。

そこで、経営陣は成功確率を高めるべく、プロジェクトのキックオフに先立って、プロジェクトの実行計画を短期と長期に分けることにした。こうして進捗状況の評価頻度を増やし、チームメンバーは変革が複雑化する前に、遂行能力の十分性を蓄積することができた。

さらに、社員の意欲を高めるために、変革の必要性のみならず、プロジェクトにおける社員への支援策についても、ていねいに説明した。そして、プロジェクトチームのメンバーを見直し、必要なスキルに欠けるメンバーを入れ替えた。

最後に、経営陣全員が、いかにこのプロジェクトに賭けているか、その真剣さを伝えるために、全社を説明して回った。これがまさに功を奏して、プロジェクトは「成功ゾーン」へ移行した。1年と2カ月後、同行は計画通りに、しかも予算内で変革プロジェクトを完了させた。

DICEの活用法

DICEのフレームワークはいたってシンプルだが、それゆえに問題が生じる。というのも、経営陣はなぜか複雑な方法を好む傾向にあるのだ。しかし、当たり前のことを見逃してしまえば、愚にもつかない妥協に向かうのがオチである。そのような落とし穴を確実に避けるために、賢い企業はDICEを採用する。その活用法には、3つのポイントがある。

1　プロジェクトを追跡する

変革プロジェクトに着手する前に、まず管理職たちにDICEの利用法を教えている企業もある。スプレッドシート上に組まれた計算ソフトを使ってDICEスコアを算出し、過去のそれと比較する。その際、時系列に測定した全スコア、ならびにそのポートフォリオ（次項で説明する）の推移を検討する。DICEによる評価を、変革プロジェクトが抱える問題の「警報装置」と見ている経営陣が少なくない。年商106億ドルのバイオテクノロジー企業、アムジェンも、DICEのフレームワークをこのように利用していた。

2001年、同社は主要業務を中心にリエンジニアリングに着手すると同時に、製品とサービスの拡充、成熟商品のリニューアル、M&A、イノベーションに取り組んだ。実行上の問題を回避するため、経営陣はDICEによって、人材配置、ミドルマネジャーたちの時間配分、その他の資源配分について見直した。

以上の結果、問題を抱えたプロジェクトがすぐさま判明した。経営陣は、進捗状況の評価頻度を増やしたり、プロジェクトチームを再編したり、また経営資源を追加したりといった対策を講じた。最終的に、DICEを使って300件の計画を追跡し、うち200件は何らかの変更が加えられた。

この手法は、企業規模の大小を問わず、有効活用できる。1990年代末、6つの変革プロジェクトに着手した病院の例を見てみよう。いずれのプロジェクトも、多額の投資を伴うか、臨床面への影響が大きいか、あるいはその両方だった。

順調に進捗しているプロジェクトがある一方で、院長はいくつかのプロジェクトを危惧していた。しかし、確たる根拠はなく、ただ嫌な予感としか言いようがなかった。そこで、DICEを使ってみたところ、院長の懸念を裏付ける結果が出た。

院長はプロジェクトマネジャーや主要職員たちを集めて、小一時間ほど話し合った後、プロジェクトのうち3つは成功ゾーンにあるが、2つは心配ゾーンで、1つは苦悩ゾーンにあると判断した。

院長は成功ゾーンのプロジェクトには、適正水準を上回る経営資源が傾けられていることに気がついた。プロジェクトの成功を確信した幹部職員がこれをより確実にしようと、みずから会議に出席したり、何かと便宜を図ったりしていた。一方、進捗がはかばかしくないプロジェクトには、そのような支援はなかった。

そこで院長は、心配ゾーンと苦悩ゾーンにあるプロジェクトの会議だけに出席することにした。また、順調なプロジェクトから何人かスタッフを引き抜き、これらの3つのプロジェクトに配置転換させた。そして、マイルストーンを増やしたり、期限を延期したりと、懸命に後押しした。この結果、6つのプロジェクトすべてが目標を達成した。

2 プロジェクト・ポートフォリオを管理する

大規模な変革に着手する際、えてして何種類ものプロジェクトを立ち上げる。しかし、「プロジェクト・ポートフォリオ」を管理できなければ、たとえば、役員クラスが担当するプロジェクトに選り抜きの社員を配置したり、最優先されるべきプロジェクトではなく、お気に入りのプロジェクトを厚遇したりといったことが起こる。

事前にDICEで分析しておけば、ポートフォリオ内の問題プロジェクトを見つけ出し、ここにノウハウや経営資源、経営陣の注意に振り向け、さらに社内政治的な動きも牽制できる。

たとえば、オーストラリアの某メーカーでは、収益力の拡大に向けた企業変革の一環として、40件のプロジェクトを計画した。一部のプロジェクトは財務上の負担が大きいことから、全プロジェクトの統括マネジャーは経営陣とシニアマネジャーを招集し、検討会議を開催した。出席者たちは各プロジェクトのDICEスコアを精査し、問題点を洗い出した。

スコアと課題をすべて書き出した後、この統括マネジャーはホワイトボードで5つのプロジェクトに丸をつけて、最重要案件に位置付けた。彼は次のように語った。「初めは心配ゾーンでも仕方のないプロジェクトもあります。ただし、いかなるプロジェクトであれ、心配ゾーンから抜け出せそうにない状況が数週間以上続くことは容認しません。また、これら5つの最重要プロジェクトは、成功ゾーンに入ったと確信できない限り、スタートしないつもりです。では、我々がやるべきことは何でしょうか」

この会議の終了が行動開始の合図だった。てこ入れすべきプロジェクトを洗い出し、各プロジェクトチームのメンバーを入れ替えたり、いくつかのプロジェクトについてはアクションプランを再検討したりといった見直しを図った。そのかいあって、実施前の段階で、DICEスコアの改善に成功した。

こうして、プロジェクトの大半は何とか成功ゾーンに移行し、最重要プロジェクトについても「成功間違いなし」と太鼓判が押された。心配ゾーンのままのプロジェクトもいくつかあったものの、スコアを着実に改善していくために注意深く追跡調査を続けることで合意した。

筆者らの経験から申し上げても、このような対応が常に望まれる。全社改革に取り組む場合などは、すべてのプロジェクトが成功ゾーンである必要はない。ただし、低い目標を掲げればよいというわけではなく、むしろ大きなストレッチが求められる抜本的な変革を目指すべきだろう。

3　議論を奨励する

同じプロジェクトでも、評価者によってDICEスコアが大きく異なる可能性がある。とはいえ、スコアの違いは対話のきっかけになりうる。

たとえば「プロジェクトの評価がこんなにも異なるのはなぜか」「プロジェクトの成功を確実なものとするには、どのような協力ができるか」など、プロジェクトチーム内に活発な議論が促される。変革プロジェクトにまつわる問題を議論するにも、共通のフレームワークがない現状を鑑みると、これは大きなメリットといえよう。

議論を妨げる要因は、先入観や見解の相違、あるいは無口や口下手などである。しかしDICEを使えば、社内に共通語が生まれ、建設的な議論を喚起することができる。

なかなか軌道に乗らないプロジェクトについて検討するため、ワークショップを開く企業がある。このような会議は、8～15人のシニアマネジャーとミドルマネジャーが、2～4時間かけてプロジェクトリーダーと率直に意見交換する場にほかならない。通常は各プロジェクトのDICEスコアのみならず、問題の根本的原因や対策についても協議される。

ワークショップで出された意見を集約することで画期的な解決策が得られる。たとえば、ある通信サービス会社が大規模な企業変革を計画した際、DICEを利用したワークショップがどれくらい効果的であるか、以下で紹介したい。

同社は変革に向けて、5つの戦略的プロジェクトと50のサブプロジェクトを計画した。スタートが急がれたが、いくつか深刻な問題を抱えていた。具体的な目標とスケジュール、売上目標が決まらず、業務改善計画の承認も遅れていた。マイルストーンもでたらめで、経営資源も不足していた。リーダーシップにも問題があった。経営陣の力量不足からプロジェクト間の調整に手間取っており、リスクマネジメントも不十分だった。

一刻も早く軌道に乗せるため、プロジェクトマネジメントオフィス（PMO）のツールとしてDICEを採用した。PMOはこれを使って課題を分析する一方、段取りを決めるためにワークショップを開催した。

あるワークショップでは、3件の新製品開発プロジェクト——うち2件は「苦悩」ゾーン、残りは「心配」ゾーンに分類されるものだった——を取り上げた。参加者たちは、管理職と技術者の間の軋轢、資金不足、頭数の不足、具体性に欠ける目的といった原因を指摘し、3つの対策を講じることで合意した。第1に、CTO（最高技術責任者）と事業部長が協議し、現場の軋轢について解決を図る。第2に、経営陣は迅速に経営資源を確保する。そして第3に、PMOと事業部長はプロジェクトの目標を共有する。PMOの責任者の意欲が実って、3つのプロジェクトのDICEスコアはみごと改善し、成功確率がぐんと高まった。

事業部門、職能部門、地域をまたがる大規模な変革では、DICEスコアについて議論することが極めて意味を持つ。変革プロジェクトでは、全社員がこれを真摯に受け止め、最終目標を理解するように統制する一方、各プロジェクトの自主性が損なわれないようにバランスを図ることがとりわけ重要である。このようなバランスを実現するには、DICEの4要因について体系的に検討しつつ、プロジェクトチームが柔軟に考え、行動し、市場、職能、競合状況を踏まえた解決策を生み出せるように動機付ける必要がある。

グローバル展開する大手飲料メーカーの例を見てみたい。このメーカーは業務効率を改善し、かつ将来有望な商品と市場に資源を集中することを目標に掲げた。そこで、消費者ニーズの深耕や顧客管理、受注から商品発送、在庫管理、入金管理に至る業務プロセスなどの改善に取り組んだ。

CEOの目標は高く、それゆえ全社的に経営資源を投入する必要があった。しかし、問題点を的確に押さえたうえでプロジェクトを体系的に設計し、次々と立ち上げるのは至難の業だった。

経営陣たちは「とても1年では終わるまい」と覚悟していた。それどころか、個々のプロジェクトを厳密にスケジューリングし、管理しなければ、プロジェクトは延々と続き、だんだんと先細りしていくだろうと予想した。

このようなリスクを減らすために、個々のプロジェクトを階層別に分析した。その際、DICEのフレームワークを用いて、各プロジェクトが成功ゾーンに突入したと確信できるまで、進捗状況について毎月評価した。

その後も、マイルストーンに従って進捗を管理した。これは、プロジェクトが完了間近になっても、2カ月間隔で実施された。その裏ではプロジェクトチームが、変革プロジェクトが実施されている間、2週間ごとに評価していた。

プロジェクトには、優秀な人材たちが参加した。人事部の積極的な取り組みが功を奏し、優秀な社員がプロジェクトへの参加をみずから志願するという好循環が生まれた。高い成果を上げた何人かは、プロジェクトの途中で、事業部門や職能部門の管理職に抜擢された。

最終的に、この変革プロジェクトは何億ドルもの価値を創出した。不振だったブランドは息を吹き返し、中国などの新規市場に参入し、販促活動の効果も高かった。プロジェクトは途中何度も暗礁に乗り上げ、危うく頓挫しそうになったが、経営陣は4つの要因に集中するという信念を貫き、同社の業績を引き上げ、プロジェクトを軌道に乗せた。

＊　＊　＊

DICEのフレームワークは変革プロジェクトにおける共通語であり、それゆえ社員たちの洞察力や経験を活用しやすくなる。

ミドルマネジャーはたいてい変革に抗うものである。それ自体は古くて新しい問題だが、筆者らの研究によれば、ミドルマネジャーの大半はたとえ業務量が増え、成否もはっきりせず、場合によっては自分の立場が脅かされるかもしれないが、変革に手を貸すことにけっしてやぶさかではないことが明らかとなった。

ただし、変革プロジェクトを成功させるには、経営資源が乏しい状況を放置してはならない。それでは、ミドルマネジャーたちはまず変革に抵抗する。彼らにしてみれば、変革プロジェクトの計画と実行について懸念するのは当然であり、概してそれを表明する仕組みも共通語も、そして議論の場も用意されていない。

そこに登場したのが、DICEのフレームワークである。これは標準的かつ定量的で、しかもシンプルなツールだ。全社員に率直な発言と建設的な議論を保障し、ひいては変革に巻き込み、業績向上への貢献を引き出す一助となろう。

第 **10** 章

プログラム型組織改革の逆説

ハーバード・ビジネス・スクール 教授
マイケル・ビア
ハーバード・ビジネス・スクール 助教授
ラッセル A. アイゼンスタット
ノースイースタン大学 経営大学院 准教授
バート・スペクター

“Why Change Programs Don't Produce Change”
Harvard Business Review, Novembe-December 1990.
邦訳「プログラム型組織改革の逆説」
『ダイヤモンド・ハーバード・ビジネス』1991年4-5月号

マイケル・ビア
(Michael Beer)
ハーバード・ビジネス・スクール教授。

ラッセル A. アイゼンスタット
(Russell A. Eisenstat)
ハーバード・ビジネス・スクール助教授。

バート・スペクター
(Bert Spector)
ノースイースタン大学経営大学院准教授。

3人の共著として *The Critical Path to Corporate Renewal*, Harvard Business School Press, 1990.(未訳)がある。

ヒエラルキー型組織では新たなチャレンジに対応できない

1980年代半ばに、ある大手国際銀行（仮にUSフィナンシャルとする。略称USF）の新任CEOは、全社的な組織改革を発表した。その背景には、銀行業務の規制撤廃によって業界の競争が激化し、USFの伝統的なヒエラルキー型組織では、新たなチャレンジに対応できないという事情があった。そこでUSFは、唯一の解決策として従来の経営方法の抜本的な改革に踏み切り、まずトップから始めることとなった。

最初に、CEOは15人の経営幹部を交えて検討会を開き、USFの目標とカルチャーについて徹底的な論議を行った。続いて声明書を発表し、著名な人事管理会社から専門家を雇って、人的資源担当バイスプレジデントのポストに就けた。そして次の一連の新しいプログラムを矢継ぎ早に打ち出し、全組織を通じてそれを推進しようと試みた。①組織構造の変更、②業績評価制度、③業績給報酬プラン、④管理職を〝組織改革の媒体〟に変える研修プログラム、⑤これらの改革の進展状況を把握するために、四半期ごとの態度調査を行うこと。

これらの手段は組織改革に関する教科書的なケースのように見えるが、実はその裏には、ある大きな問題が潜んでいた。CEOがこのプログラムを導入してから2年を経ても、組織の振る舞いには何らの変化も起きなかったことが判明したのだ。いったいどこが間違っていたのか。

それは〝すべて〟であった。要するに、誰がリーダーとなって何をどう改革すべきか、という点についてのCEOの想定は、すべて間違っていたのである。

USFのケースは、他の企業にも共通する問題を提起している。今日ますます多くの企業は、市場の変化や競争の激化の中で、その支配的地位や市場シェアを取り戻そうと日夜奮闘している。また、何とかして市場競争に生き残ろうと必死にもがいている企業もある。こうした環境の中で多くの企業は、職能の遂行方法を変えることが市場競争に勝つための秘訣であるという点に気づいた。具体的には、マネジャーの権限、正規のルールや手続き、あるいは仕事の細分化といった要因への依存度を軽減する。一方、チームの結成、情報の交換、下部組織への権限の委譲などを推進する。要するに、今日の企業は、第二次大戦後のヒエラルキー的・官僚的な特色を持つ組織から、仕事を中心とした組織へと移行しつつある。そこでは仕事の中身によって、誰と誰の指揮で仕事をするか決まるのである。

このように、企業の経営者は、今日の市場競争に対応するには、従来の方法を変えるべきだということは認識している。問題は、その手段について誤解しているケースが多いことだ。特に、USFのCEOと共通する誤った想定は、以下の2点である。①全社的なプログラム（声明書、企業カルチャー、研修コース、QC、業績給報酬制度）の導入によって組織改革が行われる、②企業の組織やシステムを変えれば、従業員の振る舞いも変わる。

ところで、この問題を追究するために、大手6社について4年間にわたって組織の変化を調べると、次の事実が明らかとなった（**章末**「企業はどう変わったか」を参照、社名は架空）。それは、以上の想定とはまったく相反するものだった。つまり、企業を活性化する際の最大の障害は、全社的なプログラム、特に人的資源のようなスタッフグループが進める全社的な変革のプログラムであった。筆者らは、これを〝プログラム型改革の虚構〟と呼んでいる。それと同様に、公式組織の構造やシステムの力で企業の活性化を達成することはできない。

一部の企業では、包括的な組織改革プログラムを相次いで導入したものの、ほとんど何らの成果も得られなかった。一方、かなりの成果を上げた企業もある。成果を上げた企業では一般に、本社から遠く離れたいくつかの工場や事業部のような周辺部から改革に着手している。しかもそれをリードしているのはCEOや本社のスタッフではなく、これらの事業単位のゼネラルマネジャーだった。

その方法は、組織の公式構造やシステムに重点を置くのではなく、具体的なビジネス上の問題の解決を目的とする特別の組織をつくることだった。そして企業の最も重要なタスクに取り組むために、社員の役割、責任、人間関係などをリンクし（タスクの連鎖）、組織改革のエネルギーを抽象的な〝参画〟とか〝カルチャー〟などではなく、本来の仕事に投入した。さらに、USFのトップのように膨大な研修プログラムを導入したり、スピーチや声明書などに頼ることもなかった。

ゼネラルマネジャーたちは、それに代わる6段階から成る基本的経営管理法に従って、組織改革プロセスを入念に開発した。ひとたびその論理を理解すれば、これらの人たちはトップが組織の活性化に着手するのを待つ必要はなかった。トップの支援がなくても、自力でやれることはいくらでもあったのだ。言うまでもなく、組織改革に熱心なCEOや他の経営首脳の支援は大きな推進力となる。まして全社的な改革には、トップの支援は欠かせない要因である。だがそのプロセスに関して、トップが果たす役割は、USFのCEOのケースとは大きく異なるものでなければならない。

以上のような草の根的組織改革は、〝非指導的〟改革プロセスを指導するという点で、経営首脳の立場からすると一見矛盾する。が、この調査を通じて最も有能な経営首脳は、組織改革の指導力には限界があることを認識していた。これらの人々は、自分の役割はまず改革をするための環境をつくり、次に成功例と失敗例の教訓を広く社内に浸透させる。言い換えると、特定の解決策を押し付けずに会社が進むべき方向を定めた。

全社的な組織改革プロセスの初期段階においては、この程度の役割ならどんな経営首脳でも果たせるであろう。しかしひとたび草の根改革が〝臨界質量〟に達した際には、CEOはラインとスタッフの最高幹部から成る直属の事業単位の改革に着手しなければならない。この時点で会社の構造とシステムは、周辺部で開発された新しい経営管理手法とリンクされなければならない。もしそれができなければ、周辺のダイナミックな事業単位と、静的な首脳部との緊張が高まって、組織改革プロセスは破綻するであろう。

長続きする組織改革を達成する最も効果的な方法は、〝タスクの連鎖〟に基づくアプローチを周辺部からスタートして、着実なペースで首脳部へと進めていくことではなかろうか。むろん組織改革は、絶対にトップから始めてはならないというのではない。しかし、戦略の慎重性という点からすると、この方法は一般的ではなく、しかも大きなリスクを伴う。改革は学ぶことによってもたらされる。大手企業の多種多様な事業単位が必要とする組織改革について、細部に至るまですべて事前に知っているCEOは極めて数少ない。それに今日の経営首脳は、トップダウン型ヒエラルキーが主たる経営手段であった時代に、その地位を築き上げた人たちである。したがってこれらの人たちは、現場に近く、もっと若手の事業単位のマネジャーから、革新的アプローチを学ぶ必要がある。

プログラム型改革の陥穽

大部分の組織改革プログラムがうまくいかないのは、根本的な欠陥のある改革論をもとに作成されるからだ。通常の考え方によると、まず社員各自の知識と態度から始める。各自の態度が変われば振る舞いも変わる。そして多くの社員が振る舞いを変えれば、結局組織も変わる。このモデルによると、改革は〝宗旨〟を変えるのと似通っている。つまり、ひとたび信仰の道に入れば振る舞いも必然的に変化するというのだ。

この理論は変化のプロセスとまさに逆行する。実際には、社員の振る舞いは職務上の役割によって形成されることが多い。したがって、社員の振る舞いを変えるための最も効果的な方法は、新たな役割、職責、相互関係などをもたらすような新しい環境づくりをすることである。その結果、ある意味では社員に新たな態度や振る舞いを〝強制する〟環境がつくり出されることになる（**図表10－1**「プログラム型とタスク連鎖型の対照的前提」を参照）。

企業の活性化には、相互に関連のある次の3つの要因が考えられる。①企業がコスト、品質、製品開発などに関するチャンスを見出し、それを活用するためには、協調関係（チームワーク）が不可欠の要因である。革新的、高品質、低コストの製品（あるいはサービス）の生産と販売活動は、マーケティン

図表**10-1**｜**プログラム型とタスク連鎖型の対照的前提**

プログラム型	タスク連鎖型
振る舞いに関する諸問題は、個人の知識、態度、信条の関数である。	個人の知識、態度、信条は、振る舞いの相互作用パターンの反復によって形成される。
改革の第1目標は、態度と発想の内容であって、実際の振る舞いは二次的である。	改革の第1目標は振る舞いであって、態度と発想は二次的である。
振る舞いは、組織と切り離して、個人的に変えられる。	振る舞いの諸問題は、循環的パターンに起因する。しかし、組織システムが個人に及ぼす影響は、個人が組織システムに及ぼす影響より大きい。
改革の目標は、個人レベルに置くべきである。	改革の目標は、役割、職責、人間関係のレベルに置くべきである。

グ、製品デザイン、製造などの各部門および労使間の緊密なチームワークにかかっている、②協調行動を目指して各社員が努力し、創意を発揮しつつ協力していくためには、高度の目的意思（コミットメント）が必要である、③チームのメンバーとして問題を把握し、解決するためには、業務に関する全般的知識、分析技術、人間関係調整法などの新しい専門技能が必要である。以上3つのいずれが欠けても改革は失敗に終わるであろう。

全社的改革プログラムの大部分に見られる問題点は、これらの要因の1つ、あるいはせいぜい2つしか考慮に入れていないことだ。会社側がチームワークに関する理念を発表したからといって、協調関係を改善するためにどんなチームが結成され、どんな機能を果たすのかということを社員が知っているとは限らない。組織改革で公式組織図は変わるだろうが、新組織を動かすために必要な態度や技能は生まれないのだ。

業績給制度は、マネジャーに対して部下の業績評価を〝強いる〟かもしれないが、部下の業績を判断する新しい基準を内面化するには役立たない。また、業績に関する諸問題について効果的に対応する方法を示すわけでもない。この種のプログラムは、社員の能力開発に必要な文化的背景（指標となる役割モデル）を提供できないから、結局は組織改革を達成できない。

同様に、研修プログラムは能力向上を目指しているかもしれないが、組織の協調性パターンを変えることは稀である。優れた研修プログラムを受ければ社員の士気は向上する。だが職場に戻って以前と変わらない環境の中に置かれ、研修で得た新しい技能を活用できずに挫折感を募らせるケースがしばしばある。そこで、研修プログラムは時間の無駄だという見方が社員の間に広がり、当初の意気込みを阻喪させる結果となる。

一方、一つのプログラムが成果を生まないと、ＵＳＦのトップのように次々と性急に他のプログラムに乗り換えるケースがしばしばある。が、これはむしろ逆効果を招く。というのは、これらのプログラムは、すべての社員とすべての問題を対象として作成されているから、結局はいずれの社員にもいずれの問題にも特に役立たない。加えて、これらのプログラムは、あまりにも一般的、標準的であるために、特定の事業単位の日常業務に影響を及ぼすこともない。言わば、会社のビジネスの実態を詳しく理解するのではなく、〝品質〟〝参画〟〝エクセレンス〟〝権限委譲〟といったビジネス用語ばかりが一人歩きすることになる。

さらに、これらすべての改革プログラムは、組織改革の信頼性を損なう。たとえば、事業単位のマネジャーたちが、生産現場の問題解決のためのＱＣサークルのような特別プログラムの潜在価値を認めるとする。しかし、これらのマネジャーは、新製品の開発のようないっそう緊急を要する他の問題に直面するかもしれない。結局、総花的な改革プログラムは、最も重要な問題解決に向けての努力を弱めてしまう。組織改革プログラムの基本理念の効用を認めている場合でも、実に多くのゼネラルマネジャーがトップの改革プログラムを支持しないのは、そこに原因があるのだ。

しかし、研修プログラム、給与制度や組織構造の改革、あるいは企業哲学など、いずれも効果的ではないというのではない。これらはすべて総合的な改革を進めるうえで重要な役割を果たしうる。問題は、これらのプログラムが、全体の組織改革を一挙に果たす〝マジック・ブリット〟(副作用のない妙薬)として別々に導入されるところにある。この種の改革プログラムは、よくて何の役にも立たず、最悪の場合は改革の足を引っ張ることになる。結論として、プログラム型改革は、懐疑的な考え方や皮肉な見方を増進し、問題の真相を見えなくしてしまうおそれがある。

効果的な組織改革の6段階

特定のビジネスに関する問題を解決するために、社員の役割、責任、人間関係などに焦点を絞りながら〝タスクの連鎖〟に重点を置くという方法により、企業はプログラム型改革の弱点を避けられる。タスクの連鎖が最も容易なのは、目標やタスクがはっきりと定められている工場、部課、事業単位のような小規模のユニットである。そこで、組織改革の主な問題は、どのような方法で、数多くの異なる単位にまたがってタスクの連鎖に基づく改革を進めるのか、という点にかかっている。

事業単位あるいは工場レベルのゼネラルマネジャーは、重複する部分もあるがはっきりと分かれている6つの段階を通って、タスクの連鎖を達成する。この移行を筆者らは〝クリティカル・パス〟と名づけている。この通路《パス》は、意思表示（目的意思）、協調性、能率といった自己修練のサイクルへと展開する。6段階の改革の進め方については、その順序が重要である。というのは、ある時点では適切な行動であっても、あまり早く着手しすぎると逆効果となることがしばしばあるからだ。組織改革のマネジメントは、タイミングがすべてであるといっても過言ではない。以下、6段階について述べてみたい。

第1段階

「企業の問題点の共同分析によって、改革への意思表示を結集する」。〝タスクの連鎖〟という用語が示すように、効果的な組織改革はまず、企業が直面している問題を分析することから始まる。組織上の問題点は何か、何を改善すべきか。このテーマについてゼネラルマネジャーは社員の共同分析を支援し、全員の最初の意思表示を結集する。これは改革に着手する際の重要な前提条件である。

仮にナビゲーション・デバイス（ND）と名づけるある事業部（事業単位）を例に、効果的な組織改革について述べてみたい。この事業単位の従業員は約600人で、当初軍需用として開発した製品を市販する目的で、ある大手企業が設立した組織である。現在のゼネラルマネジャーが就任した当時、NDは過去数年間を通じて一度も利益を計上したことはなく、高品質、低コストの製品のデザインに成功したこともなかった。トップが意思決定を行う際に、他の職能分野の参加や協調を求めなかったのが、主な原因だった。

そこで新任のゼネラルマネジャーは、まずＮＤの業務について広範にわたる検討を始めた。前任者はマーケティング部長１人を相手に戦略を立てたのに対し、彼は経営陣全員の参加を求めた。さらに、外部のコンサルタントを招いて、ＮＤの経営陣がグループとしていっそう効果的に機能できる方法について助言を求めた。

第2に、マネジャー、エンジニア、生産要員、組合役員などを含む、20人から成るプロジェクトチームを結成した。このグループはまず、ＮＤの組織活性化に役立つ情報を求めて、好業績を上げている製造会社を何社か見学した。その中の一つの工場は、次の理由で一行に特に強烈な印象を与えた。この見学でＮＤの問題点が浮き彫りになると同時に、ＮＤとは異なったやり方でいくつかのチームから成る組織構造が、新たな発想を生むきっかけとなった。この一連の見学を通じて自社と異なる組織運営の一端に触れて、一行の改革への意図はいっそう強まった。

ところで、プロジェクトチームは、ＮＤのビジネス問題の共同分析プロセスから新事実を学んだわけではなく、ＮＤが赤字経営を続けていることは初めからわかっていた。しかし、この作業を通じて、ＮＤが競争力を失った根本的な原因が組織に起因することをはっきりと知った。さらに重要な点は、全員がこぞってこの事実を認識したことだった。同時に、組織をどう改革すべきかという問題について、一つの解決策を見出すことができた。それは、競争的タスクを中心とする組織を統括する特別チームをいくつかつくることだった。

第2段階

「競争力のある組織づくりと経営方法について、共通のビジョンを開発する」。組織の中心的グループがひとたび問題の分析に取り組めば、ゼネラルマネジャーは、新たな役割と責任に基づくタスク連鎖型組織のビジョン開発へと社員をリードできよう。この方法は相互に依存し合うすべての階層の職能にまたがって情報の流れを整合させるが、役職や報酬といった公式組織構造やシステムの変更を伴わないから、社員の抵抗は少なくて済む。

第2段階の原動力となるNDの20人のプロジェクトチームは、まず新組織のモデルを作成した。それはすべての業務、特に新製品を開発する次のような、職能横断型チームから構成される。①ゼネラルマネジャーとそのスタッフから成る経営管理チームは、戦略的方向を定め、下部組織のチームの業務を検討する、②市場分野別チーム群は、特定の市場についておのおの計画を展開する、③製品開発チームは、新製品について最初のデザインから生産に至るまで監視する、④生産プロセスチームはエンジニアと生産作業員から成り、工場の品質とコストの問題を確認して解決する、⑤エンジニアリングプロセスチームは、エンジニアリングの方法と工場設備を検査する。以上5つのチームは、NDが抱えている問題のルーツ、つまり職能的、ヒエラルキー的障壁を乗り越えて、情報を交換し問題を解決する方向に進むこととなった。

次にゼネラルマネジャーは、この新しいビジョンについて社員の合意を得るために、地位や職能が違う約90人の社員から成る、より大きなプロジェクトチームを任命した。その中には組合員と管理職が含まれる。このチームの役割は、ビジョンを練り直し、それについて全社員の協力を得ることだった。そこでチームは、職場から離れた施設にこもって、新組織のモデルにさらに手を加えてバリューステートメント（組織改革声明書）の草案を作成し、それをのちに全社員に提示した。

ＮＤの社員一同は、新ビジョンとバリューステートメントについて、他の多くの社是などには絶対見られないような深い理解を示した。というのも、それはＮＤの経営問題の実態について社員がみずから行った分析をもとに作成されたものだったからだ。加えてそれは、問題解決に効果があるとして経営幹部が大いに自信を持つモデルをもとに構築されたという事情もあった。

第3段階

「新ビジョンに関する合意、実行力、および結集力を育成する」。社員を新ビジョンの開発に参加させるだけでは、変化への抵抗に打ち勝ち、新組織の経営技能を養成することはできない。全社員が組織改革のデザインに参加できるわけではなく、また、参加できても新組織が発足するまでは、何を改革すべきかを十分に理解できないことが多い。そこでゼネラルマネジャーの強力なリーダーシップが欠かせない要因となる。

組織改革について各部門のマネジャーたちの意思表示は一様ではなく、熱意を示す者、賛否どちらでもない者、あるいは反対意見を持つ者などに大きく分かれた。ＮＤのトップ（ゼネラルマネジャー）は、社員たちが〝ビロードの手袋〟と呼ぶ次のような手を使った。彼はまず、新ビジョンへの社員の参加を奨励していること、そして新たなチームを結成することを明言した。彼の方針に賛同したマネジャーには支援を約束、背を向けた者には人材会社やカウンセリングへの紹介を提言した。

次に新しい役割と責任が決まると、それを運営するために専門的技能の開発が必要となる。この点については、新たな目標と責任を持ついくつかのチーム（第2段階を参照）がそれを推進する。役割、責任、人間関係の変化は、新しい技能と態度を育成する。また、協調パターンの変化は、社員の参画、協力、情報交換などを増進する。

このほか、経営陣の効果的な支援も必要である。そこでNDでは、6人の人的資源担当者（NDの人的資源部から3人、本社から3人）が組織改革のプロジェクトに参加した。一方、NDの各チームには、社内コンサルタントが1人配属された。その役割は、すべての会議に出席し、チームのメンバーの能力向上を図ることだった。

次に、チームのメンバーとしてどんな新技能が必要かをはっきりと認識した社員は、それを開発するための正規の研修プログラムに参加する。研修プログラムは社員自身の経験から直接発生しているから、従来のものと比べてはるかに重点的で役立つものだった。

むろん一部の人々は、あらゆる指導や支援を受けても変わらない、あるいは変わろうとはしない。この第3段階は、新組織の中でチャンスを与えられても能力を発揮できないマネジャーを配置転換する潮時である。しかし、その決断を下すのは容易ではない。新しい環境に同化できない社員の中には、非常に優れた専門技能の持ち主も時にはいる。

したがって、そのような人材を組織改革プロセスの早期段階（新しい組織で仕事をしてみる前）で異動するのは、本人に対して不公平なばかりか、組織全体の士気を阻喪させ、改革の足並みを乱すことにもなりかねない。新組織がどんなマネジャーと部下を求めているのか、それを理解するまでにはかなりの時間がかかる。同時に、人々が実際に成功例や失敗例を自分の目で確かめることによってこそ、初めて真相がわかるのだ。

次に、社員が新組織の求めるビジョンを受け入れ、理解すれば、それに従わない人々を異動する必要性を認めるであろう。時には、新組織が必要とする技能よりむしろ専門的経験が主な要件とされる他の部門に移るケースもある。また、そうしたポストが社内にない場合には、たとえば早期引退制度を適用して辞職する。こうした人事異動は新体制へのトップの意図を具体的にデモンストレートし、それによって改革に向けて全員の自覚を強化するという波及効果がある。

人事異動の対象となったＮＤのマネジャーの中には、技術・製造両部門を管理する業務担当バイスプレジデントのような経営幹部も含まれていた。新任の製造部のトップは、前任者よりはるかに前向きな態度で改革に取り組み、〝クリティカル・パス〟への先導役を果たす方法をマスターしていた。その結果、製造部の改革はいっそう進展した。

第４段階

「上から強制せずに、全部門の活性化を図る。ＮＤの特別チーム体制が整えば、次はこれらのチームと連携して職能とスタッフ部門の改革に着手しなければならない」。特別チームのメンバーは、出身部門の支援体制が万全でなければチームの意思決定に応分の役割を果たせない。そこで各部門は、その役割と権限についてもう一度よく考えてみる必要があろう。

この点についてはＮＤの技術部門は代表的なケースといえる。組織改革に熱心な生産部門のマネジャーとは対照的に、技術部門のマネジャーは本腰を入れていなかった。それに技術部門はこれまで常に実権を握っていた。というのは、エンジニアたちは軍部の仕様に従って製品をデザインし、生産上の問題については、ほとんど配慮してこなかったからだ。しかし、特別チーム体制の発足を機に、エンジニアは生産要員とともに製品開発チームに参加しなければならなくなった。したがって、エンジニアは、おのおのその役割を再検討し、所属部門をどう組織し管理するかという問題について考え直す立場に立たされたのだ。

ところで、組織を改革するという新事態に立たされると、多くのゼネラルマネジャーは強行手段に訴えたい衝動に駆られるかもしれない。たとえば、〝今後すべての部門はチーム制に移行する〟と発表するなど。このように、迅速な改革が必要な場合には、新しい方針を全組織を通じていっせいに実施したい気持ちになろう。しかし、そうなると、先に述べたような全社的なプログラム型改革のケースと同様の失敗を招き、改革のプロセスを挫折させてしまう。

その落とし穴にはまらないために、各部門に〝新しい車輪を発明させる〟、つまり新しい組職づくりの方法を一任することが望ましい。NDの各部門は整合(協調)とチームワークの全般的コンセプトを打ち出し、それを個々のケースに適用するという方法を取っている。技術部門は、チームコンセプトをどう具体化するかという課題に、1年近くも頭を痛めながら真剣に取り組んだ。

その間、技術部門は2度にわたって調査を行い、社外の施設にこもって会議を重ね、おのおの提案を出しては否決するといったプロセスを経て、最後にマトリックス型組織に到達した。それは特に目新しいものではなかったが、技術部門がみずから選んだ方法だったから、全員がこぞって新組織の求める技術や態度を学び取ろうと努めたのだった。

第5段階

「公式政策、システム、構造に基づき、組織の活性化を制度化する」。ゼネラルマネジャーが他のポストに移ってもこれまで進めてきた改革が継続するように、組織の活性化をどう制度化するか、という問題を考えるべき時が訪れる。第5段階は、まさにその時なのだ。この時点では、新しいアプローチはすでに確立され、適材が適所に就き、チーム組織は順調に動いている。ここで指摘しておきたい点は、第5段階より早期にシステムの改革を行うと失敗するおそれがあるということだ。たとえば、MIS（経営情報システム）を例に取ると、チーム体制に移行する際には新しい情報システムが当然必要となる。そこで、MIS部門の手で従来の職能と部課ラインにまたがる新システムを改革の早期段階でつくる、という案が提出されよう。

しかし、どんな情報が必要とされるかは、タスクが連鎖するチームに所属することで最もよく理解されるのだが、その理解が不十分なまま新システムが導入されると、マネジャーたちはMIS部門による強制だとして新システムに抵抗するに違いない。一方、新しいチームが結成されれば、MISによる新システムがなくても、多くの場合、業務の遂行に役立つ情報をお互いに協力して収集できよう。したがって、各チームの情報のニーズについて、全員が理解するまで待つのが得策である。

MISについて指摘した点は、公式組織やシステムについては、いっそう留意すべき問題である。どんな公式システムにも何らかの欠点がある。だが先に述べたような特別チーム組織の中で、実際に業務を行い、どのような相互依存関係が必要かを学べば、これらの欠点はかなり軽減されよう。そうなれば、社員は公式システムや組織にすすんで協調する意思を示すであろう。

NDは、第5段階でも模範的なケースであった。組織の活性化は見事な成果を収め、社員は自分の役割や責任を自発的な判断で変更し、その成果について自信を持つに至った。その結果、1人当たりの付加価値、スクラップの削減、品質、顧客サービス、1人当たりの総在庫、利益などすべてが大きく改善された。しかもこの成果は、命令系統、情報システム、考課方法、報酬、管理システムなどをほとんど公式に変更せずに達成されたのである。

ところで、やがて機が熟した時、ゼネラルマネジャーは公式組織の改革に着手した。たとえば、業務担当バイスプレジデントを解任した際、そのポストを廃止し、技術・製造部門を自分の直属とした。しかし全般的に見ると、パフォーマンスの変更は彼の期待と新しい振る舞いの基準に従って遂行された。

第6段階

「活性化の過程で起きる問題に対応して、戦略をモニターし、調整する」。組織改革の目的は、以前に存在しなかった資産を創出することである。たえず変化する競争的環境に対応できる〝学ぶ組織〟がそれなのだ。そこで組織は、たえずその振る舞いをモニターする方法、つまり学ぶ方法を学ばなければならない。

それは当然ゼネラルマネジャーの責務であるという意見もあろう。しかし変化のプロセスのモニターについては、重要なビジネス問題と同様に社員の参加がなくてはできない。

NDのゼネラルマネジャーは、活性化のモニターに関して、幹部が参加できるようないくつかのメカニズムを導入した。たとえば、重要ポストのマネジャー、組合リーダー、秘書、エンジニア、財務アナリストなどから成る監視チームが、進行状態をたえずモニターする。正規の従業員態度調査チームは、振る舞いのパターンをモニターする。また、企画チームは新たな問題が起きるたびに、それに対応して何回も結成するなど。これらのメカニズムは、長期間にわたってたえず新しい状況に対応しつつ学ぶという能力を創出した。

以上6段階のプロセスは、強制的手段によらずに組織改革を行う方法である。幹部社員が新ビジョンに賛同すれば、振る舞いの変更を伴う新しい経営パターン（特別チーム組織）をすすんで受け入れるだろう。新しいアプローチが効果的になるのは、ビジョンが職務の中核に合致している時だけなのだが、その新しいアプローチがいっそう効果的と知れば、社員も組織改革について、前向きに取り組むはずである。

最後に、協調関係の改善によって問題解決の道が開かれるのと同様に、6段階から成る新しいアプローチは、チームの振る舞いを強化し、新技能を学ぶ意欲を高める。その結果、チームの効率はさらに向上し、改革への意欲も高揚されよう。このように意思表示、協調、そして能率が相互に作用し合って向上し続け、それが向上心をますます強める結果を生む。このような好ましい状態は、特別チーム組織がその役割を拡大するチャンスを与えられる限り、いつまでも続くであろう。

経営首脳陣の役割

全組織を改革するためには、以上述べたプロセスを、工場、支社、部課、事業部などに繰り返し適用しなければならない。こうした全社的プロセスを指導することが、トップの最も重要な職責である。それを果たすためには、慎重に各事業単位のバランスを保つ必要がある。トップがこの問題について、どのような努力をしているのか各事業部に明示しなければ、改革に着手するのは少数の工場や事業部に限られるであろう。そしてこれらの少数派は孤立化することとなろう。最も優れたトップは、改革について特定のアプローチを指示せずに、部下に一任するという方法を取っていた。

改革への環境づくりをする

すべての業務について厳しい基準を設定し、マネジャーの責任でそれを達成する、というアプローチが最も効果的である。仮にゼネラル・プロダクツと呼ぶ模範企業のトップは、意欲的な製品・業務基準を開発した。それによると、一定の期日までにこの基準を満たす製品が開発できなければ、事業部のゼネラルマネジャーはその製品をスクラップしなければならない。その結果、損益計算に多大なマイナス要因をもたらすことになる。トップが設定したこの厳しい基準は恣意的なものではなく、競争力強化を狙ったものだということを、マネジャーは、おのおの真剣に考えなければならない。そうすればこの基準は、業績向上への巨大な起爆剤、つまり改革を推進する多大なエネルギーを結集する力となろう。

しかし、トップがこうした要請をエスカレートさせるだけでは事足りない。というのは、圧力をかけられると大多数のマネジャーは、管理方法を基本的に変えずに、従来のように手綱をいっそう締めて業績の向上を図ろうとする。そこでトップとしては、マネジャーに対して要請を強化すると同時に、人的資源の活用方法の抜本的変更について責任を負わせるべきである。

一例を挙げると、ゼネラル・プロダクツの工場長が、製品の新基準の達成は難しいと不満を述べた。するとトップは、本社の人的資源部の組織開発課に相談するように彼に指示した。同時に、組織の活性化を推進するという重要な職責が工場長にあることを、あらためて彼に強調した。このような方法でゼネラル・プロダクツのトップは、組織改革プログラムを強制するという形を取らずに、人的資源スタッフの支援の下に新しい管理方法を遂行するシステムを構築した。

組織の活性化に成功した事業単位をモデルとして、全社的に活用する

もう一つの重要な戦略は、すでに経営管理のイノベーションを実験している工場や事業部に焦点を絞り、これらの事業単位をイノベーション促進のための〝開発研究所〟に指定することである。

このようなモデルを選ぶに当たっては、基本ルールが2つある。第1は、革新的な事業部は、優秀なマネジャーをはじめ人的資源スタッフ、外部コンサルタントなど多くの経営資源を必要とするという点。この調査によると、最高の業績を上げている企業では、トップ自身が最優秀事業単位に資源を供給する職責を負い、人的資源スタッフに任せることはなかった。

第2は、経営資源には常に限りがあり、失敗は高くつくから、確実に成功する見込みのある事業単位をモデルとして選ぶこと。というのは、経営管理の革新が進展している事業単位でも、力の及ばない外部要因によって業績が悪化すると、あたかも組織の活性化に失敗したかのように見なされよう。そこで、モデルを選ぶ際は、市場環境を考慮すべきである。

当然ながら、モデルとして選ばれた事業単位が触媒の役を果たすためには、他の事業単位がその存在を知り、模範例として見習うようにトップが働きかけなければならない。業績の最も悪い企業を見ると、工場や事業部はかなり大規模な組織改革を行っている。だが問題は、その事実を誰も知らないことだった。トップがこれらの工場や事業部について、模範例として社内に周知させる労を取ろうとしなかったためだ。一流企業では、見学をはじめ会議の開催、研修プログラムなどを通じて、模範的事業単位から学ぼうとする努力が成果を上げていた。

リーダーシップの向上を促進するキャリアパスを開発する

強力なリーダーなくしては事業単位の組織改革はできない。が、企業の活性化に役立つ資源の中で最も乏しいのがリーダーシップである。企業の改革については、効果的な組織の開発と同様に有能なリーダーの育成が決め手となる。しかし、それは研修によって得られるものではない。また、たとえ個々のマネジャーにみずからリーダーシップを開発する能力がないことを経営陣が認識したとしても、どうにもならない。有能なリーダーは、先に述べたようなチームワーク、強い責任感、新しい技能などがすでに定着している組織の中で、初めて育成されるのである。

新組織に必要なリーダーを養成する唯一の方法は、リーダーシップを昇進の重要な基準とすることによって社員のキャリアの育成を管理することである。この調査によると、優良企業では、マネジャーを別の職務や職場に異動する場合は、職位ではなく学習ニーズに基づいて行っている。たとえば現在目覚ましい業績を上げているリーダーは、かつて組織改革のモデルとなった事業単位に配属された経験がある。そこではリーダーシップが求められたのであり、それゆえに獲得されえたのである。要するに、将来性のある人材をモデル事業単位に送り込んだのは、トップがそれをリーダーの養成所として、活用したことを裏付けている。

ところで、トップ自体のチームはどうなのか。CEO以下の経営首脳は、社員に説教していることをみずからも実行しているのか。この問題は社内にどんな影響を及ぼすのだろうか。組織改革の初期段階では、首脳陣の言行不一致は予想できることで驚くには当たらない。むろんトップの言行が一致するのは望ましいが、最初のうちは大きな障害にはならない。トップは自分のケースの運営や管理にはそれほど留意することなく、下部組織の改革について環境づくりをすれば事足りるからだ。この時期には、各事業単位のマネジャーは、組織の競争力増強を目指して自由に手腕を発揮できれば、トップの言行不一致を大目に見るであろう。

しかし、トップがこの問題と取り組むべき時がやがて到来する。組織改革が進むにつれて、活性化された事業単位のゼネラルマネジャーが、本社のスタッフグループや首脳部の改革を要請する動きが出てくる。というのは、事業単位の管理方法の変化に伴って、従来の体制を続けている首脳チームの、政策や慣行の壁に突き当たるためである。加えてゼネラルマネジャーは、権限外の他の事業単位との整合関係の改善の問題に目を向け始める。この時点で、本社の組織自体もその戦略に合わせて改革しなければならない。同様に、関連性があるがこれまで独立していた事業単位の整合関係を改善し、組織全体としての統合化を図る必要が出てくる。

この調査で取り上げた会社の中には、この〝正念場〟に到達したところは一社もなかった。トップ自身のチームをどう変えるべきか、頭ではわかっているかもしれない。しかし、総合的な組織の活性化に向けて自分自身と会社全体をどう改革すべきか、という問題については、ようやく真剣に取り組み始めたばかりである。

この最終段階は、組織改革の中でおそらく最も重要なものではないかと思われる。もしCEOとそのチームが、ゼネラルマネジャーに奨励してきた改革をみずから実行しないならば、すべての努力は水泡に帰すかもしれない。全社的なシステムと構造の改革という困難な課題にチャレンジする時は、最後に訪れるのだ。

この時点でトップは、これまで各チームに要求してきた振る舞い、態度、技能などを、自分のチームに採択する努力をしなければならないのである。トップがみずからの振る舞いの改革に取り組むことは、次の3点で組織改革の促進に役立つものと思われる。①多種多様な社内の業務の整合に必要な態度や振る舞いを向上させる、②トップが今後も引き続き組織改革を行うことを全社員に確信させる、③新しい振る舞いを習得する資格のある未来のCEOを見出し養成するのに役立つ。組織改革の最終段階でみずからの振る舞いの改革ができる経営者のみが、市場競争力の変化に対応してたえず活性化する企業をリードできるのである。
企業が変化に対応するためには、次のような新しい発想が求められる。①特定の業務内容よりプロセスを重視する、②組織改革は一連のプログラムではなく事業単位ごとの学習プロセスであると見なす、③成果は手早い修正ではなく長期間にわたる忍耐力の結果であることを認識する。このような発想を持ち続けるのは、四半期ごとの収益を迫られる環境の中では容易ではない。しかし、組織改革に成功するためには、その困難に打ち勝って、以上の提言を実行するしか道はないものと信ずる。

企業はどう変わったか

どんな戦略が企業の活性化に効果があるのか。どんな戦略が無効なのか。その解答を求めて、企業の活性化を進めている大手企業12社を対象に詳しい調査を行った。最初の調査に基づいて選んだ6社（製造業5社、大手国際銀行1行）について、筆者らはさらに包括的な分析を行った。各社の売上高は40億ドルから100億ドル。以上6社の合わせて26カ所の工場と事業部を調査し、延べ数百回に及ぶインタビューを行った。その中には、人的資源マネジャー、工場、支社、事業単位で組織改革を進めているラインのマネジャー、工員と組合幹部、そして最後に経営首脳が含まれていた。

次にこの資料をもとに活性化による6社の順位を決定した（**図表10-2**「企業の変化」を参照）。この順位を確認するために、筆者らは活性化の成果を測定する要因として、次の4項目を選んだ。①各職能間の協調関係、

②意思決定、③仕事の組織化、④社員に対する配慮。調査によると、長期的にはこの4項目が業績に影響することが判明した。この調査に財務上の業績を含めなかったのは、企業の短期的な財務上の業績は、組織改革のプロセスとは無関係な多くの要因に左右されるからである。

一方、筆者らが決めた6社の順位を確証するため、各社の従業員を対象にアンケート調査を行った。回答者は組織改革の進展状況を1～5のスコアで表示した。以前と変わらない場合は3、以前より後退したと見た場合は3未満の数値。スコアによると、3位にランクしたリビングストン・エレクトロニクスを除き、組織改革に関する従業員の判断は筆者らと一致した。リビングストンの標準偏差値（組織改革の成果に関する社員間のコンセンサスの差）が比較的高いのは、活性化の成果について、社員の意見がかなり大きく分かれていることを示している。

図表**10-2**｜**企業の変化**

企業名（仮名）	調査員による順位	社員によるスコア	
		平均値	標準偏差値
ゼネラル・プロダクツ	1	4.04	0.35
フェアウェザー	2	3.58	0.45
リビングストン・エレクトロニクス	3	3.61	0.76
スクラントン・スチール	4	3.30	0.65
コンチネンタル・ガラス	5	2.96	0.83
USフィナンシャル	6	2.78	1.07

『Harvard Business Review』(HBR) とは

ハーバード・ビジネス・スクールの教育理念に基づいて、1922年、同校の機関誌として創刊された世界最古のマネジメント誌。米国内では29万人のエグゼクティブに購読され、日本、ドイツ、イタリア、BRICs諸国、南米主要国など、世界60万人のビジネスリーダーやプロフェッショナルに愛読されている。

『DIAMONDハーバード・ビジネス・レビュー』(DHBR) とは

HBR誌の日本語版として、米国以外では世界で最も早く、1976年に創刊。「社会を変えようとする意志を持ったリーダーのための雑誌」として、毎号HBR論文と日本オリジナルの記事を組み合わせ、時宜に合ったテーマを特集として掲載。多くの経営者やコンサルタント、若手リーダー層から支持され、また企業の管理職研修や企業内大学、ビジネススクールの教材としても利用されている。

ハーバード・ビジネス・レビュー 企業変革論文ベスト10

企業変革の教科書

2019年 8 月21日 第 1 刷発行

編 者——ハーバード・ビジネス・レビュー編集部
訳 者——DIAMONDハーバード・ビジネス・レビュー編集部
発行所——ダイヤモンド社
〒150-8409 東京都渋谷区神宮前6-12-17
http://www.diamond.co.jp/
電話/03·5778·7228(編集) 03·5778·7240(販売)
装丁デザイン—デザインワークショップJIN(遠藤陽一)
製作進行——ダイヤモンド・グラフィック社
印刷/製本—三松堂
編集担当——大坪亮

ISBN 978-4-478-10758-4